天津市教委科研计划项目成果（2021SK060）"三全育人"背景下课程思政教学理念与实践方式探索——以《国际贸易实务》课程为例

李亚娜　梁晓倩/著

"三全育人"背景下课程思政教学理念与实施路径研究

三全

三全育人

天津社会科学院出版社

图书在版编目（ＣＩＰ）数据

"三全育人"背景下课程思政教学理念与实施路径研
究 / 李亚娜，梁晓倩著. -- 天津 ：天津社会科学院出
版社，2023.3

ISBN 978-7-5563-0879-8

Ⅰ. ①三… Ⅱ. ①李… ②梁… Ⅲ. ①高等学校－思
想政治教育－教学研究－中国 Ⅳ. ①G641

中国国家版本馆CIP数据核字(2023)第 069808 号

"三全育人"背景下课程思政教学理念与实施路径研究
"SANQUAN YUREN" BEIJING XIA KECHENG SIZHENG JIAOXUE
LINIAN YU SHISHI LUJING YANJIU

选题策划：韩 鹏
责任编辑：王 丽
责任校对：杜敬红
装帧设计：高馨月
出版发行：天津社会科学院出版社
地 址：天津市南开区迎水道 7 号
邮 编：300191
电 话：(022) 23360165
印 刷：高教社（天津）印务有限公司
开 本：787×1092 1/16
印 张：13.75
字 数：205 千字
版 次：2023 年 3 月第 1 版 2023 年 3 月第 1 次印刷
定 价：68.00 元

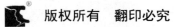

前　言

　　立德树人是新时期中国高等教育的根本任务,所有课程都具有思想政治教育功能,每一名高校教师都担负着教书育人的重要使命。高校思想政治工作的核心是大学生,大学生的思想道德观念以及综合素质与国家的发展存在着非常密切的联系。开展大学生思想政治教育,在深化思想政治理论课程体系设计的同时,还应充分发挥专业课程和通识课程的育人功能,使非思政课教师在知识传授的同时,注重大学生思想水平、政治觉悟、道德品质的培养,把大学生培养成为德才兼备、全面发展的人。"课程思政"的提出正是贯彻了以"立德树人"为根本教育任务,构建全员、全程、全方位育人的大思政格局,在肯定思想政治理论课这一主渠道的同时,强调其他课程育人的重要性,要求深入挖掘专业课程和通识课程的思想政治教育元素,所有老师都要树立育人意识,实现教书育人、知识传授与价值引领的统一。

　　随着中国经济的快速发展,经济管理专业成为全国各高校办学的热点,高校不断扩大招生规模,肩负着为国民经济和社会发展培养高素质经营管理人才的重任。就现阶段来看,高校经济管理类教育教学资源相对不足,对学生的能力培养落后于行业和产业发展的需求。在信息化时代,如何贯彻落实党的二十大关于高等教育发展的精神,响应国家对高等教育"双一流"建设的号召,适应新时代普通高等教育的发展趋势;如何加强课程思政建设,推进大学生创新创业教育,共享科研和教学信息,全面提升人才培养质量,是当前我国普通高等院校面临的重大现实问题。

2019年以来,天津商业大学宝德学院在教育教学过程中积极推进课程思政建设,引导教师在教学中贯彻和推动以"立德树人"为宗旨的课程思政教学改革。

本书以"三全育人"理念为指导,综合运用文献研究法、问卷调查法和理论研究法,以"三全育人"为背景,对"课程思政"理念的形成、理论依据、课程思政建设的必要性与基本要求、课程思政发展现状及面临的困境、经管专业课程思政的主要内容与目标要求、实践路径展开论述。全书共分为七章,其中第四章、第五章、第六章、第七章内容由李亚娜老师撰写,承担120千字;第一章、第二章、第三章内容由梁晓倩老师撰写,承担85千字,全书共计205千字。本书各章内容简介如下:

第一章为"三全育人"背景下课程思政理念的形成与研究综述。本章从整体性的视角对我国高校"课程思政"理念的形成进行阐述,通过对国内外研究现状的阐述,对比、分析当前我国高校"课程思政"理论研究所取得的成果和存在的不足,瞄准关键问题,明晰论述脉络;以马克思、恩格斯和中国共产党主要领导人的相关论述为理论支撑,厘清"三全育人"与"课程思政"的逻辑联系。

第二章为"三全育人"与课程思政的内涵界定与基本理论。本章着重分析了"三全育人"与"课程思政"的内涵、课程思政与思想政治理论课及学科德育等其他相关概念的理解与辨析、课程思政的当代价值意蕴、新时代进行课程思政建设的重大意义等,进而为后续问题的探析奠定了理论基础。

第三章为"三全育人"背景下高校课程思政建设的必要性与基本要求。包括发挥"隐性课程"育人功能的需要、提升"思政课程"教学效果的需要、实现"课程思政"与"思政课程"同向同行的需要三个维度。我国高等院校"课程思政"建设能有力地弥补"思政课程"教育理念滞后、教育方法单一、教育实践不足的缺憾。作为大学生思想政治教育的载体,"课程思政"必须在落实高等院校立德树人根本任务、实现知识传授与价值引领、促进新时代大学生全面健康发展等方面与

"思政课程"同频共振。因此,透彻分析我国高校"课程思政"建设的必要性意义重大。本章在对高校课程思政建设必要性进行深入分析的基础上,进一步提出了高校课程思政建设的三个基本原则,即立德树人原则、整体设计原则以及隐性渗透原则。

第四章为"三全育人"背景下高校课程思政建设的现状与困境分析。本章借助调查问卷,通过实证分析方法,从高校教师及大学生对"课程思政"的认知和态度、"课程思政"开展情况和管理情况等方面,剖析当前高校"课程思政"建设的现状,再根据文献梳理和问卷数据整理,总结和分析当前高校"课程思政"建设面临的困境。最后剖析当前我国高校课程思政建设面临困境的主要原因,为后续进一步有针对性地提出课程思政的实践路径提供理论与现实参考。

第五章为经管类专业课程思政的主要内容与目标要求。本章系统分析了经管类相关专业课程与思政相关理论的紧密联系,分别从党的创新理论、培育与践行社会主义核心价值观、中华传统文化传承、宪法法治意识的培养及职业理想与职业道德教育方面进行剖析,探讨经管专业思政教育的目标要求及内容重点,力求实现经管专业课程思政和思政课程同向同行。

第六章为"三全育人"背景下课程思政与经管专业课程结合的实践路径。从"三全育人"的三个维度出发,提出具体实践路径参考。一是"全方位育人"理念下的课程思政教学体系设计;二是"全程育人"理念下的课程思政融入经管类相关专业课程教学的全过程;三是"全员育人"理念下的专业教师课程思政能力的培养和提升。最后提出经管类专业课程思政评价体系的建设思路。

第七章为高校经管类专业课程思政实践教学案例——以"国际贸易实务"为例。这一部分,选取国际贸易专业核心课程"国际贸易实务",围绕课程思政的具体设计思路与改革实践方式进行阐述。主要包含课程思政教学设计思路、教学内容展示、课程思政融入设计、课程思政教育心得体会、教学展示课件、教学案例赏析六个部分。

目前,关于高校课程思政建设方面的研究仍在探索中。本书是课题组成员在国内外专家学者关于德育和课程思政等方面研究成果的基础上,结合自身教育教学实践形成的总结。在本书的撰写过程中,天津商业大学宝德学院初明利教授和孙虹教授提出了诸多指导意见,在此表示衷心感谢。受个人能力所限,本书的撰写难免存在疏漏与不足之处,敬请学界同仁批评指正。

李亚娜 梁晓倩

2023 年 1 月

目　　录

第一章 "三全育人"背景下
课程思政理念的形成与研究综述

第一节 课程思政理念的形成

"课程思政"是新时代价值观、教育观的革新,是思想政治教育学理论对思想政治教育实践活动的反思自觉,是思想政治教育的自我实现过程。"课程思政"将知识教育与价值教育相统一、政治性和学术性相统一、育人性和育才性相统一作为育人实践的根本依循。

一、知识性与价值性的融合

"知识传授与价值引领是育人的基本实现形式,也是学校最具效能的实现形式。"[①]在育人实践中,一方面要注重知识的传授与积累;另一方面又要关注如何进行科学的价值引领,凝聚知识底蕴,挖掘和实现知识的价值,促进人的全面发

---

① 高德毅,宗爱东. 从思政课程到课程思政:从战略高度构建高校思想政治教育课程体系[J]. 中国高等教育,2017(1):43–46.

展,推动社会的全面进步。教育教学中知识性和价值性相统一的科学内涵可理解为课程同时承担知识传授和价值观引领的双重职责,实现受教育者知识、技能学习与道德修养和政治觉悟提升的相互渗透、相辅相成,在解决"知"与"不知"矛盾的基础上,化解"信"与"不信"的矛盾,提升受教育者意志和行为的真理性。

(一)价值判断与事实判断的融合

从哲学认识论的层面来看,事实判断和价值判断构筑了人类完整的认识内容。事实判断注重使用实证、归纳、量化方法开展研究,对事物进行客观的解释和说明。价值判断则不同,它通常借助预设、思辨和演绎的方法对事情做出善恶的判断。

首先,价值判断以思想、观念的形式呈现,是关于善恶的判断,逻辑形式是"……应当是……"。从逻辑特质层面来看价值判断,"它是一种'精神性价值'的反思活动"[1]。"精神性价值的概念是善"[2],是超功利的,立法者是实践理性,是对"应然世界"的确定。所以,价值判断不能从经验和行为本身(经验事实)中确立价值准则,只能来自主体的内在实践理性,只能依赖良心颁布的法则。"一切价值判断,都是根据观念中的'善'作为标准来做出的判断"。[3] 而"观念中的'善'就是人内心的道德法则"。所以,价值判断不能从经验表象中直接获得,必须通过反思来实现,具有形而上学本性。只有反省、反思才能实现实践理性自己为自己立法。一个人的思维如果徘徊并止步于经验直观判断,沉浸在感性和表象中,是缺乏认识论意义上的反省能力的表现,不具备进行价值判断的思想基础。

其次,事实判断以经验事实为条件,判断对象是事实,其逻辑形式是"……是……""完全通过对两个经验表象之间加以联结(综合)即可"。事实判断是对

---

① 吴宏政,孙树彪.善恶行为的价值判断及其逻辑特质[J].学术交流,2019(6):49-55.

② 吴宏政,王小景.论思想政治教育中的"精神性价值"[J].思想政治教育研究,2014,30(5):10-14.

③ 吴宏政,王小景.论思想政治教育中的"精神性价值"[J].思想政治教育研究,2014,30(5):10-14.

"现实世界"的描述,追求的是事实真理,凭借观察思考从经验事实中获取,并且它们自身也存在于经验事实中,且完全符合逻辑学的规则,放之四海而皆准,寻求的是必然性。很显然,事实判断旨在做出行为是否存在客观的判断,并不对行为的善恶进行评价,从这个意义上来说,事实判断是价值中立的。然而,人通过接受教育具有了事实判断能力,最终的目的是将知识和技能转化成社会实践行为。这样就涉及行为动机和行为结果的判断。因此,受教育者在具备事实判断能力的基础上,还需要具有价值判断能力,以确保其行为动机和行为本身是"向善"的,是以精神性价值的实现为目标的,是符合社会普遍利益的。因此,教育是和人的精神有关的,教育就是让人先认识,后实践,使真理在人的行为和意志中得以体现。所以,教育需要使人具有事实判断能力的同时,还需要具有价值判断能力。

最后,价值判断与事实判断融合指向人的本质的实现。"反思"活动是价值判断得以确立的基础,事实判断则从经验事实中获得;价值判断是针对行为的评价,善恶是评价标准,以观念和思想的形式呈现,追求精神性价值的实现,是对"精神性价值"的逻辑规定;事实判断则是对客观事实本身进行的判断,是对客观真理的追求。虽然事实判断与价值判断关注的对象不同,前者是"质料"的研究,后者是"形式"的探讨。但二者由于人所具有的双重属性而具有一定的内在关联,成为实现人的本质、实现人的自然性和精神性,自然性和实体性相统一不可或缺的两种能力。价值判断以事实判断为前提,即进行价值判断时,需要以客观事实的真实存在为前提。事实判断虽然建立在经验事实的基础上,但它追求的是事实或者知识的客观性,旨在清晰、准确地呈现客观事实。人只有具备事实判断能力,才能不断提升利用自然和改造自然的技能和水平。价值判断又对做出事实判断的意志和行为起到规约和引领的作用,使做出事实判断的动机和行为是向善的,使真理在事实判断的行为中得以实现。

综上所述,价值判断如果脱离了客观事实则会因为缺少"反思"的现实基础而陷入空泛和神秘。反之,缺少了价值判断的事实判断,则不能保证其行为动机是向善的,也就不能在内心为自身的行为立法,出现道德行为标准缺失等一系列问题。

因此,价值判断与事实判断是不可分割的。一个人因为在某个题材方面接受过专门的训练,这样的人通常会对某个题材做出正确的判断,他接受的是某方面的特殊的教育,然而"在事物总体上判断得好的人是受过全面教育的人"①。其中"受过全面教育的人"是指,既接受专业训练又接受价值引领,既具备事实判断能力又具备价值判断能力的人。从人的本质属性层面分析,则可以理解为通过接受教育实现了人的自然性与精神性的统一,使人的自然性因为符合实体性而具有真理性。

(二)价值理性与工具理性的融合

工具理性源于科学技术对人类思维方式的改变,通过在实践中对工具或手段有用性的确认,实现物的使用性价值的最大化。人通过发挥工具理性来认识自然和改造自然,创造物质财富,延续自然生命,实现自然性。"当人们不能使自己的吃喝住穿在质和量方面得到充分保证的时候,人们就根本不能获得解放"②。正因如此,工具理性为价值理性的发挥奠定物质基础,提供实践支持,使人的价值判断能够立足于现实社会生产生活,避免抽象化和神秘化。另一方面,价值理性为工具理性的发挥指明方向,使人在物质财富的创造过程中不再执迷于对使用性价值的片面追求,而是多了一份目的性价值的思考,在追求实现物质利益的同时具有精神的观照。由此观之,工具理性通过科学认知得以实现,而价值理性则在精神世界的建构中,在精神性价值的追求中得到彰显。"两种共同确证'人是人的最高本质'。"③价值理性引导人的实践活动"向善",追求道德价值和政治价值的实现,将共同体价值观与个人价值观进行对照,去除个人价值观中的主观成分,提升个人价值观的客观性,使人在内在观念中确立善的原则,不仅成为符合个体普遍性的人,而且成为符合社会普遍性的人。所以,能否实现精神性价值

① 亚里士多德.尼各马可伦理学[M].廖申白译,北京:商务印书馆,2020:5.
② 马克思恩格斯文集:第1卷[M].北京:人民出版社,2009:527.
③ 魏小兰.论价值理性与工具理性[J].江西行政学院学报,2004(4):63-67.

向社会性价值转化,取决于价值理性与工具理性能否实现真正的融合统一。价值判断和事实判断包含于人类所有的认识活动中,认识的最终目的要实现真与善的统一,并在此基础上追求美的实现。

"课程思政"直面价值理性与工具理性分离问题,突破传统知识的分裂性和非此即彼的思维框架,达成育人共识,通过实现价值理性与工具理性的和谐统一来促进人的全面发展。所有学科的知识均展现为人类对自然和社会展开的持续性探索成果的深入分析,对社会实践经验的积累和总结,对人的思想和观念的反思,对思维规律的发掘和捕捉。这些丰硕的研究成果是人类集体智慧的结晶,内蕴着人类坚定的求知信念、丰富的人文元素和深沉的家国情怀,是教育实践活动程中不可或缺的宝贵资源。"课程思政"通过挖掘这些隐性教育资源,使知识传授因为融入人文情怀和崇高的理想信念而有了温度。使受教育者在知识学习中道德修为不断提升,文化自信不断增强,立足现实的生活世界,追求更加丰富和有价值的人生。

(三)人文精神与科学精神的融合

高校有两种精神,一种是"科学精神",一种是"人文精神"。"科学精神"作为科学中的思想和灵魂体现在一切知识的学习和研究之中,表现为探索客观事物存在和运行规律并做出事实判断的"求真"精神,是"工具理性的精髓"。"人文精神"则主要通过各门哲学社会科学知识的学习得到培育,表现为在对某一行为做出善恶判断的过程中以实现善和美为指向,是"价值理性的核心"。尽管二者存在关注对象的差异,但均因为人的本质属性实现了精神实质和深层底蕴的互含、互渗和彼此趋近。最终在终极关怀层面上实现统一。人文精神与科学精神的统一是历史发展的必然,是实现人的本质的内在要求。

第一,"求真"是科学精神的集中体现。科学精神是追求真理的信念、意识和品格的凝练和集中表达。"在流变不居的宇宙中,科学思想定位了支撑点,固定了不可动摇的支柱。"[①]"求真"的信念熔铸于科学活动的所有环节,彰显于科学

---

① [德]卡西尔.人论[M].李荣译,上海:上海文化出版社,2020:238.

活动的各个层面。"科学进程带来了稳定的平衡,使我们的知觉与思想的世界变得稳定和坚固。"①求知的本性决定了运用理性思维能力和理论思维方法来探索事物的本质和规律是人类永恒的追求。在这种持续的奋斗中展示出人类实现自我和挑战自我的勇气和信念。"求真"在科学实践活动中表现为实事求是和追求真理的精神。科学精神将"求真"的信念陶铸在具体的科学研究实践中,研究中把"对象、现实、感性""当作感性的人的活动,当作实践去理解"②。做到对现实生活的充分尊重。

第二,科学精神是工具理性的精髓。工具理性追求经济效益最大化,手段和方法的高效化。工具形式的丰富性彰显出实践活动的多样化,"实现着从客体的自发运动形态向人的自觉活动形态的转化,从而达到人的内在尺度与外在尺度的统一"③。工具理性关注手段和方法的应用,充分挖掘物的使用性价值,以实现利益最大化,创造物质财富,改造人的外部世界为最终目标。近代以来,科学技术的发展突飞猛进,工具理性呈现出过度张扬的非理性态势,致使人的主体性日渐被对象化,价值理性迷失。教育实践中表现出以功利主义教育观为主导的对专业知识传授和技能训练的片面关注,人才培养以有用性和实用性为导向,育才与育德分离。因此,以"求真"为核心的科学精神作为工具理性的精髓必须充分发挥主导作用,实现与人文精神的统一,引领和规范科学实践活动的价值取向,推动工具理性与价值理性的融合统一。

第三,人文精神是价值理性的核心。价值理性改造人的内心世界,具有明确的目的合理性与终极关怀性。人文精神是一种具有民族性和历史性的理性精神,是内生于主体的精神品格,内蕴于民族精神之中,体现在人的道德行为和价值选择之中。基于马克思人性观来分析,自然性和精神性的融合统一是实现人的社会性的基本前提。人文精神追求精神性价值的实现,精神生命的成长。自

---

① [德]卡西尔.人论[M].李荣译,上海:上海文化出版社,2020:238.

② 马克思恩格斯文集:第1卷[M].北京:人民出版社,2009:499.

③ 卞敏.终极关怀:科学精神与人文精神的统一[J].江苏社会科学,2005(5):99-104.

然状态是自在状态,这一点人与动物并没有区别。而人文状态则不同,它诠释了人是有意识、有理性的存在,彰显出人的意识所具有超越性,即摆脱自然性的束缚,追求实现生命的意义和价值的精神诉求。

第四,人文精神与科学精神同根共向,彼此依存。源远流长的文明是孕育人类精神的沃土,为人类精神的形成、发展提供丰厚的滋养。世界范围的现代化过程更为人类精神的壮大提供强有力的推动。人的本质属性决定了,人在建设外在的生活世界,提升物质生活水平的同时,丰富和完善精神世界的内在需要会不断提升,并力求通过两个世界在建构中实现同向同行来诠释生命的意义。科学是人建构外部世界最有效的工具和武器,而"人是科学的出发点和目标"①。尤其是在反宗教和神学斗争中更加体现出人文精神与科学精神的同根共向。观察、统计、实验等科学方法的应用加快了人文学科走向科学化形态的步伐。自然科学也因为人文精神导向作用的发挥而成为人类得心应手的工具,以人为根本目的,向完善人类生活的方向发展。

最后,科学精神与人文精神的统一推动实现人的全面发展。科学精神与人文精神的统一是实现人的本质的基本前提,二者的融合统一实现事实判断能力和价值判断能力的均衡发展,不仅使人具有浓厚的兴趣追问"世界是什么"的问题,而且更进一步激发人自觉肩负起国家和民族的责任和使命担当,开启对"世界应是什么"的问题的探求。科学精神与人文精神的统一使受教育者不仅成为具有一定的事实判断能力和专业技能的社会主义建设者,而且成为具有价值判断能力和深厚的家国情怀的社会主义接班人。罗素就科学精神与人文精神方面发表了自己的观点,指出,我们无法判定精神层面的东西和物质层面的东西哪一个更有价值,更不能认为功利主义的要素比人文主义的要素更重要。人文精神是一种财富,"这种财富还会使一个人成为人类更为优秀的一员。"②科学精神和人文精神的统一在人的自身发展及社会实践活动中具有重要意义,共同筑牢共

① 卞敏.终极关怀:科学精神与人文精神的统一[J].江苏社会科学,2005(5):99-104.
② [英]罗素.社会改造原理[M].张师竹译,上海:上海教育出版社,1959:11.

同体存在和发展的精神之基,推动实现人与人之间,个人与共同体之间的和谐健康发展。

综上,不同的学科课程中均潜藏着不自觉的人文教育的可能性,这种可能性需要通过实施"课程思政"将其激发出来,融入知识的传授过程,以此激活知识自身涵括的深层次的价值,充分发挥课程育人功能,实现对人的自然生命和精神生命的价值肯定。社会现代化进程不断加快,社会发展建设中面对问题的复杂性不断增强,需要加强学科间的沟通与合作来共同应对和解决。"课程思政"挖掘课程的育人元素,并将其融入专业知识传授过程,达到盐溶于水的效果,打造科学和人文之间交流与对话的平台,推动实现个体性与普遍性的统一,建构和完善以此岸生活世界理想目标实现为基础的意义世界,实现人向自身的复归。使受教育者深信,"照亮我的道路,并且不断地给我新的勇气去愉快地正视生活的理想,是善、美和真"①。

二、政治性与学术性的融合

从学科功能来看,思想政治教育学科的首要功能就是坚守意识形态阵地,捍卫国家意识形态安全。因此在思想政治教育中必须明确政治立场,突出政治性。诚然,对政治性的坚持必须做到以理服人,必须使政治价值观的真理性得到透彻地阐释和广泛传播,使受教育者被真理的强大力量所震撼,自觉自愿在个人的社会实践中践行真理。我党的政治代表了最广大人民的根本利益,是以人民为中心的政治,为人民认识世界和改造世界提供科学的世界观和方法论。所以,必须坚信:"理论只要说服人,就能掌握群众;而理论只要彻底就能说服人。"②高校不仅是知识的殿堂,还是意识形态建设的重要场域,承载了国家和民族的希望。因此需要基于明确的政治立场来讲理性、讲学理,"以政治来统领学理,以学理来阐释政治"③。

---

① [英]罗素.社会改造原理[M].张师竹译,上海:上海教育出版社,1959:11.
② 马克思恩格斯文集:第1卷[M].北京:人民出版社,2019:11.
③ 马克思恩格斯文集:第1卷[M].北京:人民出版社,2019:11.

（一）"课程思政"中的政治立场为学术研究指明根本方向

思想政治教育需要完成人的思想和政治两个方面的教育,使人成为人是"思想教育"的目标。"政治教育"主要是指政治价值观的教育,旨在达成个人价值观与共同体价值观的和解,使人成为公民。为党育人,为国家的繁荣稳定育人,是"课程思政"不可撼动的政治立场,为满足人民对美好生活的需要育人,是"课程思政"明确的价值追求,必须毫不动摇地加以坚持。高校教师作为学术研究的骨干力量,需要基于明确的政治立场开展学术研究,服务于国家和社会的发展。

首先,"课程思政"中要注重政治立场的巩固和提升马克思主义理论在学术研究中的指导地位。党领导全国人民深入解读马克思主义内蕴的科学性和真理性,基于马克思主义立场、观点、方法分析和解决社会建设发展中面临的实际问题,取得一个又一个中国特色社会主义建设的伟大成就,使马克思主义的科学性和真理性在中国特色社会主义建设实践中得到充分印证。马克思主义在中国特色社会主义建设中的指导地位是不可撼动的,马克思主义是实现中华民族伟大复兴的理论法宝和实践指南。丰富的社会实践活动涵养和升华了马克思主义与时俱进的理论品格,赋予了马克思主义更加旺盛的生命力。实践是理论实现创新发展的基石,理论创新需要与新的实践相结合,新的实践必须用新的理论来指导,这是马克思主义的生命力经久不衰的动力源泉。"课程思政"中的政治立场进一步明确和巩固了马克思主义在学术研究中的理论指导地位,引领并监督学术研究为党的治国理政服务,为顺利完成第二个百年奋斗目标服务。"课程思政"的政治立场引领学术研究坚持用丰富的社会实践来推进马克思主义的创新发展,通过知识教育与价值引领的融合统一,发挥马克思主义在学术研究中的指导力和引领力,筑牢马克思主义在学术研究中的指导地位,提升学术研究的社会贡献力。

其次,"课程思政"中政治立场引领学术研究,捍卫国家政治意识形态安全,坚决抵制来自非主流意识形态的渗透和攻击。习近平总书记指出:"学校是意识形态工作的前沿阵地,可不是一个象牙之塔,也不是一个桃花源。"①学术研究工作必须坚持以马克思主义为指导,树立高度的问题意识,立足现实社会问题,深入论证分析政治意识形态对复杂社会问题的解释力和社会实践的引领力,粉碎资本主义国家企图颠覆我国社会主义制度、消解我国政治意识形态的阴谋。用学术研究成果的理论和实践力量捍卫政治意识形态的主导地位,维护国家的安定团结。

再次,"课程思政"中政治立场引领学术研究,致力于"立德树人"根本任务的贯彻落实,服务于社会主义建设的伟大实践。价值问题是推动思想政治工作深入开展绕不开的本源问题。高校思想政治工作的价值本位是育人。"课程思政"以立德树人为己任,树立大局意识,探寻课程自身的育人元素,推动形成育人合力。同时,"课程思政"实现思想政治教育延伸至所有专业课,不仅使育人理念和育人实践的价值立场更加明确,也为学术研究的深入开展明确了价值取向。以马克思主义基本原理为指导,牢固树立共产主义坚定信念,以育人为终极关怀,培养适合社会主义建设发展需要的建设者和接班人。专业课教师作为学术研究的骨干力量,需要具备较高的专业理论水平和思想政治素质,立足明确的价值立场开展学术研究,明确学术研究的宗旨,成为专业知识的传授者、学生健康成长的引路人。

最后,"课程思政"中政治立场指明学术研究创新和成果转化的方向。"教育者本人一定是受教育的"②,"课程思政"使专业课教师对育人根本问题有了更加清醒的认识,学术研究立场更加坚定,具有了更加明确的学术价值追求。这些都有效推动了教学与科研之间良性互动关系的形成,更为学术研究成果在实践中的转化和创新指明方向。在社会实践层面,学术研究成果服务于社会主义的发展建设;在教育教学实践层面,学术研究成果服务于社会主义建设者和接班人的培养。这一切都充分证明,"人的思维是否具有客观的真理性,这不是一个理论

① 习近平.思政课是落实立德树人根本任务的关键课程[J].奋斗,2020(17):4-16.
② 马克思恩格斯文集:第1卷[M].北京:人民出版社,2009:500.

的问题,而是一个实践的问题"①。"课程思政"为学术研究成果的真理性和客观性的确证和创新拓宽路径,指明方向。同时,"课程思政"为育人效果的提升提供动力支持,为学术创新和成果的积极转化提供价值平台。专业课教师在教学与科研实践中的使命感不断增强,将科研与教书育人、社会主义现代化建设紧密结合,发扬"求真"的科学精神,融入以"求善"为追求的人文精神,在育人实践和学术研究实践中充分彰显"达美"的终极关切。

(二)学术研究为政治意识形态提供学理支撑

"课程思政"中的政治立场使学术研究坚持以马克思主义为指导,服务于国家和社会发展的需要,服务于捍卫国家政治意识形态的主导地位。引导学术研究以夯实政治意识形态的学理基础,提升政治意识形态的科学性和真理性为研究旨趣,以推动政治意识形态理论的创新发展为目标,以推动政治意识形态理论在国家和社会发展中的引领力和指导力的充分发挥为根本指向,以巩固和提升政治意识形态理论的国际影响力为重要关切。

首先,夯实政治意识形态的学理基础,提升政治意识形态的科学性和真理性。政治价值观不是凭空产生,它的形成是与经济基础和实际生产生活相关联的。"思想、观念、意识的生产最初是直接与人们的物质活动,与人们的物质交往,与现实生活的语言交织在一起的。"②政治意识形态的科学性和合理性需要从其对社会不同领域的生产生活的引领功能的发挥来进行检验和证明。而社会生产的顺利开展则需要建立在不同领域科学研究成果的实践转化基础上,这些成果的研发离不开不同学科的学术研究支撑。"课程思政"为学术研究指明方向,为政治意识形态的合理性提供有力的学理支撑,澄明政治意识形态的科学性、真理性。不同学科在学术研究中保持政治立场的高度一致是"课程"与"思政"实现同向发力的重要前提。"课程思政"为不同学科的学术研究明确政治立场,推动和引领研究成果服务于社会主义建设者和接班人的培养。

---

① 马克思恩格斯文集:第1卷[M].北京:人民出版社,2009:503-504.
② 马克思恩格斯文集:第1卷[M].北京:人民出版社,2009:524.

其次,推动实现政治意识形态理论的创新发展。从狭义上说,意识形态概念特指和国家政治生活相联系的思想价值观念体系,等同于"政治价值观"。政治价值观的真理性是很难被认识到的,它通常有"意见"层面的东西参与进来,政治价值观不是绝对的真理,它只能通过与实际国情相结合,扬弃"意见"的主观性来实现向真理的不断靠近。向真理靠近的过程就是意识形态理论不断创新和发展的过程,是建立在树立高度的问题意识,扎根实践开展学术研究的过程。习近平总书记指出:"实践发展永无止境,我们认识真理、进行理论创新就永无止境。"①因此,需要通过开展学术研究挖掘和阐释政治价值观所具有的真理性,为论证其科学性和合理性提供学理支撑。中国特色社会主义理论体系实现了对中华优秀传统文化的创造性转化和创新性发展,这种转化和创新的动力来源于实践。中国特色社会主义是马克思主义意识形态的思想之树,它能够根深叶茂,生机盎然,源于与中国特色社会主义建设的伟大实践相结合,源于中华优秀传统文化的丰厚滋养,源于以具有科学性、真理性、强大生命力和理论威力的马克思主义为指导。批判性是马克思主义鲜明的理论品格,与时俱进性是马克思主义永葆生命力和理论威力的优秀品质。学术研究紧密依托社会主义建设实践,在马克思主义指导下,不断充实和丰富社会主义意识形态理论体系,拓宽发展空间,彰显强大的理论引领力和指导力,推动社会主义意识形态理论实现创新发展,为营造风清气正的政治生态贡献力量。

再次,提升政治意识形态理论在国家和社会发展中的影响力和行动支配力。"理论在一个国家的实现的程度,总是取决于理论满足这个国家的需要的程度。"②政治意识形态理论的真理性不仅需要通过理论研究来证实,更需要通过实践来检验。实践是检验真理的唯一标准,只有接受了实践验证的政治意识形态理论才具有强大的生命力。"物质生活的生产方式制约着整个社会生活、政治生

---

① 习近平.习近平谈治国理政(第二卷)[M].北京:外文出版社,2017:34.
② 马克思恩格斯文集:第 1 卷[M].北京:人民出版社,2009:12.

活和经济生活的过程。"①"课程思政"通过使专业课程承担育人职责,将政治意识形态理论贯穿知识教育的全过程,为政治意识形态理论的建设和发展提供了实践保障。

由此可见,"课程思政"作为新时代价值观教育观念的革新,建构所有课程承担育人职责的合力育人格局,夯实政治意识形态理论完善和创新的实践基础,充分证明政治意识形态理论的科学性和真理性,巩固政治意识形态的主导地位,增强政治意识形态理论在国家和社会发展中的影响力和行动支配力。

三、育人理念与育才理念的融合

人的本质属性决定了育人与育才在人才培养过程中是不可分割的,必须遵循德育为先、育人为本的原则。"课程思政"中的育人性与育才性相融合旨在实现人的自然性与精神性的统一,自然性与实体性的统一。而育人为本则充分表征自然性与实体性统一的基础是实体性,德育优先的人才培养理念。"课程思政"中的育人性与育才性相融合在理论层面旨在实现人的本质,在现实层面旨在实现立德树人根本任务的全面贯彻和落实。

"课程思政"秉持"德才兼备"的教育理念,是一种统合与联动的思维方式。"德才兼备"指的是同时具备"道德和知识",其中,道德就是"善",知识可以理解为对客观规律或经验常识的认知。育才和育德分别指向事实判断能力和价值判断能力的培养,二者的统一推动实现人的全面发展。育德与育才犹如人的灵魂和肉体,不可分割。

首先,"课程思政"中"德才兼备"的教育理念表现为育人实践中对人的本质属性的遵循。社会性作为人的本质属性,在人的自然性和精神性的张力作用下得以实现。具体表现为人从自然性中超拔出来实现其精神性。通过劳动,人的自然生命得以延续,自然性得到实现。人类的特性就在于人的生命活动是自由的、有意识的,而且这种意识是具有超越性的。人通过学习获得谋生的技能和本

---

① 马克思恩格斯文集:第1卷[M].北京:人民出版社,2009:12.

领,实现自然生命的延续。而精神性则需要从自然性中超拔出来去追求精神性价值来实现,所有的实践都应服务于实现人的自由和解放。谋生手段的选择和技能的应用离不开精神和理念的指引,手段推动目的实现,目的为手段的落实指明方向、提供动力。从这个意义上来说,人总是要有点精神的,而这种精神就是作为共同体成员的"明大德、守公德、严私德"的自觉。因此,人的双重属性的实现需要践行育德与育才的统一。离开育才的育德会因为空泛而深陷泥淖,离开育德的育才则会因为价值失范陷入枯鱼涸辙的困境。二者不可分割的根本原因就在于人的本质属性使然。"课程思政"使思想政治教育所承载的崇高理想信念在所有课程协同育人的过程中得到来自不同课程的文化元素和科学精神的浸润和滋养,切实实现了"课程"与"思政"在育人实践中的相互促进,相得益彰。

其次,"课程思政"中"德才兼备"的教育理念旨在实现人的全面发展。教育的最终目的是实现人的本质,使人成为完整性的存在。传统教育观念中知识教育对价值观教育存在"主观偏见",片面追求"育才"的"功利主义教育观",进而导致学校成为"知识人"的加工厂。知识对价值的僭越引发一系列社会问题,价值迷失、道德失范,人的灵魂无处安放。"课程思政"立足"现实的人"的现实诉求,革新育人理念,通过价值元素的融入,为课程教育明确目标,指明方向。唤醒课程教育从教育实践中反思自身的自觉,强化育人意识,助推课程育人功能的发挥。

最后,"课程思政"中"德才兼备"的教育理念旨在培养全面发展的社会主义建设者和接班人。"课程思政"作为新时代价值观教育观念的革新,实现思想政治教育对所有专业课的全覆盖,推动实现育德与育才的统一,丰富和发展了"德才兼备"的教育观念,赋予其更为深刻的时代内涵和价值意蕴。推动"德才兼备"的教育观念在理想与现实之间的张力作用下,在理论与实践的互动关系中不断成熟和完善。

第二节
"三全育人"背景下课程思政问题研究综述

一、国内研究综述

"三全育人"和"课程思政"概念的提出、形成与落实,经过了一定的过程,梳理其概念解析、理论渊源及研究现状,对于推进"三全育人"下高校"课程思政"建设具有重要价值及意义。

（一）"三全育人"相关研究

"三全育人"是一个全面的、系统的教育理念,但目前学界并未形成对"三全育人"整体内涵的统一阐释,学者们多是从各个方面展开研究,即全员育人、全程育人、全方位育人三个层面。从"三全育人"的理念来看,顾鑫认为,"三全育人"是对教育活动的结合、教育资源的整合而形成的育人理念。[①] 范小凤认为,"三全育人"从广义上来看是指教育理念,从狭义上来看是指德育理念。[②] 从"三全育人"的重心来看,王习胜认为,"三全育人"的重心在于育人以"德",即思想观念的教育。[③] 刘瑞、周海亮强调,立德树人是"三全育人"机制的中心。[④] 张晓东认为,"三全育人"的重心在于"全",是一种育人新模式,育人新生态。[⑤] 基于此,在整理学者们对"三全育人"定义的基础上,有了一个总体的认识:"三全育人"是

---

① 顾鑫. 高校"三全育人"资助育人模式及其运行机制研究[D]. 长春:东北师范大学,2016.
② 范小凤. 论新时期高校"三全育人"德育模式及其运作机制[D]. 上海:华东师范大学,2011.
③ 王习胜. "三全育人"合理性的逻辑诠释[J]. 思想理论教育,2019(3):52－56.
④ 刘瑞,周海亮. 以立德树人为根基的高校"三全育人"工作机制建构研究[J]. 学校党建与思想教育,2019(3):82－84.
⑤ 张晓东. "三全育人"理念下高校图书馆思政教育路径与对策研究[J]. 图书馆工作与研究,2019(7):33－37.

指在进行社会主义接班人培育的过程中,必须以立德树人为根本任务,坚持从全员育人、全程育人和全方位育人三个维度整合发力。

首先,关于全员育人、全程育人和全方位育人内涵的研究。从全员育人来看,李国栋、朱灿平认为,全员育人中的"全员"包括党政部门人员、班主任(辅导员)和导师三个层次。① 胡礼祥等人认为,"全员"就是指校内一切可用人员。② 乔晓华从"全员育人"角度探讨了"全员协同思政"的可行性和重要性。③ 巩青春认为,在"全员育人"视域下,可以把学生的日常行为表现同思想政治理论课的考核成绩结合起来,实现课内课外育人常态化。④ 从全程育人来看,柏昌利等人认为,"全程育人"就是把思政教育贯穿学生自入校到毕业整个过程中。⑤ 张鹏超认为,"全程育人"是有针对性地对不同年级、专业、层次的大学生进行全程引导和教育。⑥ 丁海洋、钱芳斌认为,全程育人包括两层含义:一是育人时间的延续性,二是育人空间的延展性。⑦ 王占仁提出,"全程、全方位"育人是高校思想政治教育思想性、科学性与全面性的内在统一,是实现人全面发展的必然要求。⑧ 从全方位育人来看,部分学者认为,全方位育人指的是全员育人和全程育人相互统一、相互沟通、相互协作而组成的育人管理系统。⑨ 有学者从育人目标出发,认为全方位育人就是指培养德智体美劳全面发展的人。也有学者认为,"全方位"是指教育载体、教学资源和教育手段的整合。

① 李国栋,朱灿平. 坚持"三全"育人注重思想政治工作实效[J]. 中国高等教育,1999(24):14 - 15.
② 胡礼祥主编. 创新教育与教育创新:浙江大学城市学院本科应用型创新人才培养思考与实践[M]. 杭州:浙江人民出版社,2009:35.
③ 乔晓华. 高校"全员协同思政"的重要性与可行性[J]. 西部素质教育,2019(18):21 - 23.
④ 巩青春. 全员育人视域下高职思政课教学改革探究——以思想道德修养与法律基础课为例[J]. 杨凌职业技术学院学报,2019(3):73 - 75.
⑤ 李国栋,朱灿平. 坚持"三全"育人注重思想政治工作实效[J]. 中国高等教育,1999(24):14 - 15.
⑥ 张鹏超. 高职院校发展服务型学生工作体系研究[M]. 杭州:浙江大学出版社,2014.
⑦ 丁海洋,钱芳斌. "全程育人"理念下递进式公共体育教学改革思考[J]. 体育文化导刊,2018(5):103 - 107.
⑧ 王占仁. 高校思想政治教育如何实现全程、全方位育人[J]. 教育研究,2017(8):25 - 3.
⑨ 冯靖舒. 基于"全方位育人"理念下的大学生思想政治教育策略探析[J]. 佳木斯职业学院学报,2019(10):21 - 22.

　　其次,关于高校"三全育人"推进现状的研究。王习胜指出,虽然我们的思想观念教育已经取得了良好的效果,但由于新人在成长,观念在变化,先进的思想观念也始终面临着解构危险。① 因此,以"三全育人"理念为指导的思想政治工作不仅是艰巨的、复杂的,而且是长期的。吴先超提出,教育主体的全员性凸显不足、教育过程的全域性把握不够、教育方法的系统性整合不优等问题。② 何少群、程东海指出,当前高校思想政治工作存在全员育人合力没有形成,思想政治教育实施缺乏连续性以及全方位育人形式单一、缺乏吸引力等问题。③ 潘莉等指出,由于"三全育人"整体格局的不完善和相关机构育人意识和能力的欠缺,在一定程度上阻碍了育人工作的有效开展。④ 胡守敏提出,高校"三全育人"取得了一定的成绩,也存在一些问题。如全员育人存在角色缺位、链条断裂、重心偏移等问题。⑤

　　最后,在"三全育人"实现路径探索方面,学界分别围绕"全员""全程""全方位"三个方面出谋划策。王习胜论证了"三全育人"开展的必要性,指出要达到育人目的就必须发挥全员参与、全方位协同的作用,以全过程贯穿的方式开展育人工作。张晓东从提升工作者思想认识、加强馆员队伍建设、优化图书馆思政教育资料、充分运用新媒体技术开展思想政治活动、建立健全思政工作的有效机制几个方面谈论了三全育人理念下高校图书馆思政教育的路径建设。⑥ 蔡迎春从大学心理健康教育角度提出,教职工全员参与大学心理健康教育、全过程融入心理健康教育和心理健康教育全方位渗透到学校整个教育过程中去。⑦ 杨晓慧从协

　　① 王习胜."三全育人"合理性的逻辑诠释[J].思想理论教育,2019(3):52-56.
　　② 吴先超."三全育人"视阈下大学生心理健康教育模式创新研究[J].学校党建与思想教育,2019(18):81-83.
　　③ 何少群,程东海.高校思想政治工作"三全育人"模式研究[J].教育理论与实践,2019(21):56-58.
　　④ 潘莉,董梅昊.高校心理育人面临的现实难题及其突破[J].思想理论教育,2019(3):90-94.
　　⑤ 胡守敏.新时代背景下高校"三全育人"研究[J].学校党建与思想教育,2019(14):68-70.
　　⑥ 张晓东."三全育人"理念下高校图书馆思政教育路径与对策研究[J].图书馆工作与研究,2019(7):33-37.
　　⑦ 蔡迎春.大学生心理健康教育在"三全育人"体系中的构建与实施[J].思想理论教育导刊,2012(7):116-118.

同联动、制度构建和熏染良好氛围三个方面对"三全育人"建设提出建议。①

（二）"课程思政"相关研究

首先，关于"课程思政"内涵的研究。"课程思政"既是育人理念，也是育人方法。"课程思政"是对高校思想政治教育规律的正确把握，是对社会主义新时代如何实施高校思想政治教育的创新。② 刘磊认为，"课程思政"是充分发挥高校课程育人功能，在传授知识的同时，也起到价值观引领的作用。③ 田鸿芬认为，"课程思政"是一种教育教学理念，教师将所认可的道德规范、思想认识和政治观念在教学过程中传递给受教育者，使其成为与社会发展需求相符合的人才。"课程思政"的落脚点是育人，有学者认为，课程不仅是传授知识的体系，还是培养什么样的人的一个蓝图。何衡认为，"课程思政"是含有思想政治教育目标的教学体系。高德毅等认为，"课程思政"实质上是一种课程观，不是增开一门课，也不是增设一项活动，而是将高校思想政治教育融入课堂教学和改革的各环节、各方面，实现立德树人于润物无声中。④ 综上所述，"课程思政"就是指将思政内容融入专业课程和通识课程中去，通过有目的、有深度的规划，达到专业知识教学和价值观引领的统一，进而实现大学生成长成才的目的。

其次，在分析"课程思政"的内涵后，还要厘清其与相关概念的联系与区别。一是"课程思政"与"思政课程"的关系。关于"思政课程"的概念界定，石书臣指出，思政课程是课程德育中系统进行思想政治教育的课程，是课程德育的主渠道，也是大学生思想政治教育的主渠道。赵继伟认为，"课程思政"是思政课程的升级版，思政课程包含于"课程思政"中的观点是错误的，"课程思政"和思政课

---

① 杨晓慧.高等教育"三全育人"：理论意蕴、现实难题与实践路径[J].中国高等教育,2018(18)：4-8.

② 何玉海.关于"课程思政"的本质内涵与实现路径的探索[J].思想理论教育导刊,2019(10)：130-134.

③ 刘磊.课程思政实现路径的探索[J].广西教育学院学报,2018(4)：110-112.

④ 高德毅,宗爱东.从思政课程到课程思政：从战略高度构建高校思想政治教育课程体系[J].中国高等教育,2017(1)：43-46.

程所扮演的角色、教育方式和职能都是不同的,但两者功能具有一致性。[1] 石书臣认为,这种一致性在本质联系上体现为任务和目标上的一致性、方向和功能上的一致性以及内容和要求上的契合性。[2] 邱仁富则将"方向的一致性"具体细化为"政治方向育人性、育人方向一致性以及文化认同统一性"三个方面。[3] 石书臣在《正确把握"课程思政"与思政课程的关系》一文中强调,"课程思政"与思政课程的核心内涵都是育人,其任务和目标具有契合性,但是在课程地位、课程特点和思政优势等方面有所不同。董勇从思政课程向"课程思政"的转变逻辑上进行了分析,认为"课程思政"延伸了高校思政课程的使命和功能,从"思政课程"到"课程思政"是思政体系的重构、思政理念的升华、思政内涵的转型。[4] 张冬冬和李如占认为,"课程思政"建设是教育理念的更新、教学内容的出新和体制机制的创新,其价值在于使高校育人工作由专人转向人人、从专课转向全课。[5] 邱开金指出,思政课程是一种课程体系,而"课程思政"则是一种教学体系。[6] 武群堂在《试论思想政治理论课教师在学校教师队伍中的引领作用——基于课程思政的视角》一文中阐述,思政课教师不仅要在师德师风上对专业课和通识课教师起到引领作用,还要表现在马克思主义世界观、方法论的树立和应用上。[7] 二是"课程思政"与"非思政课程"的关系。"非思政课程"简单的概括就是指除思想政治理论课以外的课程,江南认为,"非思政课程"向"课程思政"相向而行,有利于落实立德树人根本任务,培养德才兼备的中国特色社会主义事业的合格建设者和可靠接班人。[8] 张涛指出,当前高校"非思政课程"普遍表现为了传授知识而传

---

① 赵继伟.关于"思政课程"与"课程思政"辩证关系的思考[J].思想政治课研究,2018(5):51-55.

② 石书臣.正确把握"课程思政"与思政课程的关系[J].思想理论教育,2018(11):57-61.

③ 邱仁富."课程思政"与"思政课程"同向同行的理论阐释[J].思想教育研究,2018(4):109-113.

④ 董勇.论从思政课程到课程思政的价值内涵[J].思想政治教育研究,2018(5):90-92.

⑤ 张冬冬,李如占.医学高职院校"思政课程"到"课程思政"转变分析[J].高教论坛,2018(10):112-114.

⑥ 邱开金.从思政课程到课程思政,路该怎样走[N].中国教育报,2017-03-21(10).

⑦ 武群堂.试论思想政治理论课教师在学校教师队伍中的引领作用——基于课程思政的视角[J].学校党建与思想教育,2018(11):70-72.

⑧ 江南.高校非思政课教师开展课程思政建设的对策刍议[J].贵州师范学院学报,2019(2):31-34.

授知识,为了改进技术而改进技术,缺乏塑造道德内核的环节,"课程思政"建设正弥补了这一空缺。①

最后,关于"课程思政"建设路径的探索。王茜从"课程思政"融入研究生课程体系维度揭示了当前存在的问题,并从课程体系设计与建设、教师队伍建设、评价体系建设等方面提出解决策略。② 朱强提出,思想政治教育元素要充分融入课程教学内容和人才培养环节中,加强学生理想信念、道德品质、纪律观念和创新精神教育。③ 关铁强指出,大学体育课程教学的育人意识薄弱问题,并从强化学科教学管理、加强教师队伍建设和评价体系、推动课程育人进程三方面提出建议。④ 黄薇指出,专业技能的习得固然重要,专业信念的建立也不可或缺,人文素养和政治素养的培育在专业课中尤为重要。

因此,专业课的"课程思政"建设还得从教学理念、教学结构、教学内容、教学方法几个方面改进。⑤ 曹月柱对"课程思政"视域下医学生健康教育的实践进行了反思,提出课程体系与实践体系进一步融合、线上教育与线下教育进一步配合和将受教育能力与开展教育能力培育相结合三点建议。⑥

(三)"三全育人"背景下高校"课程思政"建设研究

"课程思政"在构建"三全育人"大格局过程中具有重要意义,需要充分挖掘专业课和通识课所蕴含的思想政治教育元素。"课程思政"是在全面贯彻"三全育人"的基础上提出来的,立德树人是其根本任务,是打破"思政课程"边缘化、孤岛化局面的有效途径。"三全育人"背景下高校"课程思政"建设可以从三个方面探究。

---

① 张涛.非思政课程中思政教育的探索和思考[J].教育现代化,2018,5(31):344－345.
② 王茜."课程思政"融入研究生课程体系初探[J].研究生教育研究,2019(4):64－68.
③ 朱强,谢丽萍,朱阳生.财务管理专业"课程思政"的理论认识与实践路径[J].学校党建与思想教育.2019(6):67－70.
④ 关铁强.大思政视域下大学体育课程育人路径探究[J].中学政治教学参考,2019(21):98.
⑤ 黄薇.基于"课程思政"教育模式的广告学专业课教学改革研究——以公益广告课程为例[J].传媒,2019(9):83－86.
⑥ 曹月柱.课程思政视阈下医学生健康教育路径探索与反思[J].中国健康教育,2019,35(7):662－664.

首先是教师队伍建设层面。李月新指出,专业课教师要将立德树人意识贯穿于课程全过程,在课堂中起到价值引领作用,构建"三全育人"模式。① 闫蕾认为,教师的思想政治素质和积极性不高、科研压力与教学压力难以平衡、思政教育难以融入自己的课程教学是目前推进"课程思政"建设与"三全育人"的难点,只有建立推进"课程思政"与完善"三全育人"的长效机制,才能为高校思想政治工作的长期有效开展提供不断改进和完善的制度保障。②

其次是"三全育人"理念下高校"课程思政"建设存在的问题。路以兴认为,专业课目前存在重教书轻育人、重言传轻身教、重课堂轻课外、重学生素质轻教师素养的问题。③ 杨和文指出,目前高校仍未形成"三全育人"的"课程思政"工作格局,其他课程的育人功能凸显不足。④

最后在实践路径上,魏少玲提出,将"课程思政"融入课堂教学,建立"三位一体"三全育人体系。⑤ 黄珊提出,"课程思政"开展前要做好顶层设计,开展时重点强调提升专业课教师的政治素养,另外还要修订教学大纲和人才培养新方案。⑥ 王朝晖、方从严认为,构建基于"三全育人"的"课程思政"教学,应该将思想品德、诚实守信、爱国主义、工匠精神和创新意识等内容融入专业课的教学中,从教育理念、教学设计等方面提出建议。⑦ 鹿丰玲提出,从专业课教师思政培训、专业培养方案、教学大纲、考试方式、教师评价方式等方面进行全面设计。

---

① 李月新."三全"育人格局下的高校课程思政刍议[J].赤峰学院学报(汉文哲学社会科学版),2019(8):111-113.

② 闫蕾."课程思政"建设与"三全育人"长效机制探究[J].哈尔滨职业技术学院学报,2019(5):74-76.

③ 路以兴,高萍.基于"三全育人"理念的专业课程思政育人工作的思考——以高职农业经济管理专业为例[J].黑龙江生态工程职业学院学报,2019(4):133-135+160.

④ 杨和文,陈袁碧莹.基于"三全育人"的理工类高校"课程思政"工作模式研究[J].上海电力学院学报,2018(1):55-57.

⑤ 魏少玲.课程思政:应用型本科院校实现三全育人的教学改革研究——以《财务管理》专业课程为例[J].教育现代化,2019(47):56-57+59.

⑥ 黄珊.三全育人理念下的课程思政问题探讨[J].才智,2019(18):40.

⑦ 王朝晖,方从严."三全育人"理念下课程思政教学的思考[J].滁州职业技术学院学报,2019(1):74-77.

二、国外研究综述

"三全育人"是国内特有的提法,迄今国外尚未提出"三全育人"教育模式,但国外对德育也十分重视,且有一些教育理念与"三全育人"相似。杜威①提出,学校生活、教材和教学方法三位一体的德育模式,就与"三全育人"中的全程育人和全方位育人有相契合的地方。美国典型的混合德育模式与我国的"三全育人"模式也有相通的地方。

从混合德育的实施途径来看,采用直接德育与间接德育、显性德育与隐性德育相结合的方式,既开设专门公民课和道德课等,又注重发挥校园环境的熏陶和服务活动的影响作用;既引导学生自我教育,又充分发挥教师和管理者的教育责任与评价监督意识。以上这些观点都契合了"三全育人"理念。

"课程思政"这一概念是我国最先提出的,国外几乎没有关于"课程思政"的直接研究。但是从历史来看,任何阶级执政都会高度重视这一理论和实践,对民众进行长期的思想政治教育,并进行积极的探索,只是采取了不同的形式。② 国外思想政治教育有隐蔽性和渗透性的特点,他们把思想政治教育融入不同课程的教育活动中,潜移默化地进行,这与"课程思政"的教育模式大相径庭。比如,史蒂芬在研究课程中提出,对学生的价值观念灌输而言,隐形课程可能比官方课程更有效,通过潜移默化的影响,教授给学生他们"可接受的"③价值观念、规章制度等。茱莉亚以临床学习为例,认为此类课程不仅能教授学生专业知识,还隐含了角色定位、医德医风和规章制度等教育内容。④

三、国内外研究述评

综合国内外文献的整理可以看出,各国都非常重视高校的思想政治教育,但

---

① [美]杜威.道德教育原理[M].王承绪等译,浙江:浙江教育出版社,2003:45.

② 郗厚军,康秀云.国外思想政治教育可借鉴性:前提反思、根据认识及实现要求[J].思想理论教育,2017(10):53-59.

③ Stephen R. Adamson. Subtle Messages:An Examination Of Diversity In The Illustrations Of Secondary Level One French Textbooks[J]. *Pro Quest LLC*,No.9(2003):20-21.

④ Julia Bandini. "Student and Faculty Reflections of the Hidden Curriculum"[J]. *American Journal of Hospice & Palliative Medicine*, No.34(2017):57-63.

国内外的研究内容有所差异。从国内研究来看,学界关于高校思想政治教育的研究成果颇丰,但就"课程思政"方面的研究还存在很大不足。目前,"课程思政"的研究主要集中在内涵、重要性及具体课程如何融入思想政治教育内容三个方面,对"课程思政"建设有一定的参考价值。但是总体来看,关于"课程思政"的系统研究还比较少,几乎没有与之相关的书籍,在中国知网以"课程思政"为主题进行检索发现,关于"课程思政"的学位论文相对较少,研究成果主要体现在一些期刊上。现有关于"课程思政"的研究,在理论基础、如何挖掘课程思政元素和实现路径等方面都不够丰富和全面。从国外来看,其思想政治教育善于融入其他课程的教育活动中,潜移默化地进行,这与"课程思政"的教育高度一致。从国外的研究现状阐释中可以看出,国外非常注重隐性思想政治教育,并结合显性思想政治教育,这对我国思想政治教育有一定的借鉴意义,以便更好地指导"三全育人"背景下高校"课程思政"的建设。高校"课程思政"建设是一项长期且重要的工作,就目前来看还具有较为广泛的发展空间,因此加强高校专业课程和通识课程融入思想政治教育内容的研究十分重要。

第三节 高校课程思政的理论依据

一、马克思主义基本理论

研究"课程思政"的建设路径,必须有一定的理论作为支撑,为其奠定理论基础。高校"课程思政"的建设与实施,从根本上说是为了促进学生的成长成才,为此相关理论基础主要有以下四个方面:一是马克思关于人全面发展的相关论述,二是恩格斯关于"社会发展合力论"的相关论述,三是列宁关于课程教学政治性的相关论述,四是中国共产党主要领导人关于思想政治教育的相关论述。

（一）马克思关于人的全面发展的相关论述

马克思主义在我国意识形态领域处于领导地位,因此也要用马克思主义指导"课程思政"建设。马克思批判旧式社会分工造成人畸形、片面的发展,指出人的发展应该"以一种全面的方式,也就是说,作为一个完整的人,占有自己的全面的本质"①,即人的自由而全面地发展。马克思关于人全面发展的理论是当前高校"课程思政"建设的理论基石。马克思指出:"人的本质在其现实上,是一切社会关系的总和。"②人除了具有自然属性,还具有社会属性,人与人、人与社会的联系是在学习与实践中不断完善发展的。"课程思政"建设正是坚持以人为本,以立德树人为核心,在知识传授的同时,提升大学生的道德素养,以促进人的全面发展,以便大学生正确地处理人与人、人与社会的关系,更好地适应社会。实现人的全面发展,既要包括物质需求,也要包括精神需求,"原有需要的满足和满足需要的活动又引发新的需要"③。也就是说,社会经济、政治、文化、社会以及生态的发展满足了人的需求,促进了人的全面发展,同时,人的全面发展也加快着社会的发展速度。高校"课程思政"建设正是社会对人才培养需求做出的响应,为把大学生培养成德才兼备、全面发展,为社会发展所需的人。马克思指出:"共产主义新社会必将代替那存在着阶级和阶级对立的资产阶级旧社会,这个新社会将是这样一个联合体,在那里,每个人的自由发展是一切人的自由发展的条件。"④尽管人的全面发展涉及多个层面,但"课程思政"通过将思想政治教育内容有机融入专业课和通识课,学生在提升专业能力的过程中实现人的全面发展和个性解放,因此"课程思政"与马克思关于人的全面发展理论在本质上是同向同行的。马克思关于人全面发展的理论是高校培育时代新人的理论基石,指导"课程思政"贯彻落实。"三全育人"与"课程思政"的出发点在于育人,落脚点还是在于育人,重点突破是解决高校思想政治教育"孤岛化"现象,打破高校思想政

---

① 马克思恩格斯全集:第 1 卷[M].北京:人民出版社,2012:123.
② 马克思恩格斯全集:第 1 卷[M].北京:人民出版社,2012:56.
③ 马克思恩格斯全集:第 1 卷[M].北京:人民出版社,2012:79.
④ 马克思恩格斯选集:第 1 卷[M].北京:人民出版社,2012:29.

治工作壁垒,提升学生思想水平、政治觉悟和道德品质,激发学生学习、工作和社交的自觉能动性,最终促进人德智体美劳全面发展,实现大学生成长成才。

(二)恩格斯关于"社会发展合力论"的相关论述

恩格斯的社会发展合力论分为狭义与广义两类,他认为:"人们总是通过每一个人追求他自己的、自觉预期的目的来创造他们的历史,而这许多按不同方向活动的愿望及其对外部世界的各种各样作用的合力,就是历史。"①但社会的发展是人民群众相互合力的结果,满足的是人民群众的愿望,而非某一个人的愿望。由此可知,个别的精神和意志会对个人的发展产生一定影响,多数个人的合力就会对社会的发展产生影响。个别人的愿望或行动虽然得不到满足,但是每个人都对社会的发展起着非零的作用,这便是恩格斯的合力论思想,它蕴含着唯物辩证法中关于系统与整体的哲理,对社会的发展给予了一定诠释。② 同理,在高校思想政治工作中,某一位老师的努力会对其所在班级的一定学生产生影响,但如果运用合力思想,所有部门、所有教师和所有课程都朝着一个目标努力,那影响将会更加深远。"课程思政"建设正体现了恩格斯的合力思想,专业课、通识课与思政课在大学生思想政治教育活动上形成一股合力,为高校落实立德树人根本任务贡献力量。

(三)列宁关于课程教学政治性的相关论述

在课程与政治的关系问题上,列宁认为所谓的教育不问政治或不讲政治都是资产阶级伪善的说辞。在阶级社会中,教育必然具有阶级特征,而讲政治就是其最鲜明的立场。因此,列宁认为应该"公开承认教育不能不联系政治"③。而社会主义国家教育中"政治文化、政治教育的目的是培养真正的共产主义者,使他们有本领战胜谎言和偏见,能够帮助劳动群众战胜旧秩序,建设一个没有资本家、没有剥削者、没有地主的国家。"④在任何学校里,最重要的就是课程的思想政

① 马克思恩格斯选集:第1卷[M].北京:人民出版社,2012:254.
② 杨娇娇.高校专业课教师在课程思政实践中存在的问题及对策研究[D].湖南:湖南大学,2019.
③ 列宁全集:第39卷[M].北京:人民出版社,1986:401.
④ 列宁全集:第39卷[M].北京:人民出版社,1986:404.

治方向,正确的思想政治引导,有助于受教育者成为与社会发展相符合的建设者和接班人,反之,一旦方向错误,培养的人甚至会对社会主义建设造成危害。因此,课程中讲政治是教育坚持正确思想政治方向的重要保障,不允许任何讲课人员"在哲学上对马克思主义进行批评的批评家,宣传自己特殊的哲学观点"[1]。列宁关于课程教学与政治关系的论述,不仅强调了课程坚持正确政治方向的重要性,还坚持了马克思主义在意识形态领域的指导地位,为课程建设指明了方向。如今的"课程思政"建设正是课程具有政治方向性的体现,全体教师都具有育人职责与意识,在教育受教育者做事的本领时,还要教会受教育者如何做人,把受教育者培养成合格的社会主义建设者和接班人。

(四)中国共产党主要领导人关于思想政治教育的相关论述

毛泽东同志高度重视青年群体的思想问题,在《正确处理人民内部矛盾的问题》中指出:"不论是知识分子,还是青年学生都应该努力学习。除了学习专业之外,在思想上要有所进步,没有正确的政治观点,等于没有灵魂。"[2]高校"课程思政"建设正是为了实现知识传授与价值引领的统一,不仅要学习专业技能,还要注重思政素养的提升。办好学校的关键因素之一是选好教师,好的教师必须是集扎实的专业知识和极高的政治素养于一体的人。在教学过程中,完成知识传授的同时,更应该注重大学生的价值引领。"思想政治工作,各个部门都要负责任。共产党应该管,共青团应该管,政府主管部门应该管,学校的校长教师更应该管。"[3]思想政治工作不是某个部门、某个群体的工作,而是所有部门合力、所有人齐心协力做好的事业,这是全员育人教育思想雏形的体现。邓小平同志提出培养一批有理想、有道德、有文化、有纪律的共产主义"四有新人"[4],立德树人教育是青年教育中的关键一环,"学校应该永远把坚定正确的政治方向放在第一

---

① 列宁教育文集:第 1 卷[M].北京:人民出版社,1984:185.
② 毛泽东文集:第 7 卷[M].北京:人民出版社,1999:226.
③ 毛泽东文集:第 7 卷[M].北京:人民出版社,1999:351.
④ 党的十二大以来重要文献选编(上)[M].北京:人民出版社,1986:65.

位"①。此外,他还指出:"一个学校能不能为社会主义建设培养合格的人才,培养德智体全面发展、有社会主义觉悟的有文化的劳动者,关键在教师。"②这时已经明显可见"课程思政"的影子,以上不仅是对教师重要地位的肯定,更是明确指出了教师肩负着育人的责任。除了思政课教师外,专业课与通识课教师都应教书育人,把思想政治教育与业务教学工作结合起来,不但要向学生传授理论知识,还要加强价值引领,把思政工作贯穿到教育教学的全过程中去。关于中国青年教育内容的选择必须结合中国国情来定,蕴含中国特色。中国青年肩负着中国特色社会主义建设的重任,青年强则国强,青年的思想的发展影响着中国社会主导思想的发展,思想政治工作是提高青年综合素质的关键环节。"课程思政"正是高校思想政治工作的创新性发展。

习近平新时代中国特色社会主义思想是高校"课程思政"建设的行动指南。2016 年 5 月,习近平在哲学社会科学工作座谈会上的讲话中提到:"坚持以马克思主义为指导,是当代中国哲学社会科学区别于其他哲学社会科学的根本标志,必须旗帜鲜明加以坚持。"③

高校"课程思政"建设以马克思关于人全面发展的理论、中国当代领导人关于思想政治教育的论述、习近平新时代中国特色社会主义思想为理论指导,形成新时代高校大思政格局,为高校完成立德树人任务,促进大学生成长成才提供有效途径。

二、其他学科相关理论

"课程思政",从字面上理解,就是在课程中体现思政,不能脱离课程谈思政,回归课程本源是课程思政的应有之义。从一定意义上来看,课程问题属于教育学领域的研究范畴,建构问题归属于心理学学科。笔者认为,课程文化发展理论、有效教学理论、潜在课程理论以及建构主义理论能够为我国高等院校"课程

---

① 邓小平文选:第 3 卷[M].北京:人民出版社,1993:110.
② 邓小平文选:第 3 卷[M].北京:人民出版社,1994:108.
③ 习近平.在哲学社会科学工作座谈会上的讲话[M].北京:人民出版社,2016:8.

思政"建设提供一定的理论指导。

（一）课程文化发展理论

各门课程是我国高等院校实施"课程思政"建设的基础和前提。各门各类课程都具有一定的文化内涵，实现课程文化的科学发展是课程的应有之义。在斯宾塞(Spencer)看来,课程就是"教学内容的系统组织"①,"课程文化是课程在实践展开和功能实现过程中的文化集合"②,是由诸多要素构成的有机系统,比如课程发展中的相关制度、规范和内在精神等。对于课程而言,若要实现发展,离不开物质、文化和精神等要素的投入。其中,物质投入是课程发展的前提条件,文化和精神投入是课程发展的内在灵魂。换句话说,课程文化的发展程度在一定意义上决定了课程建设的质量和水平。英国的丹尼·斯劳顿(Denis Lawton)于1983年提出了"文化分析"理论,他认为:"由于学校时间和资源的有限性,我们必须认真规划课程,以确保对文化的适当选择。"③从而将良性的文化选择作为课程发展的重要基础。法国的皮埃尔·布迪厄(Pierre Bourdieu)则从社会学的视角将课程定义为一种"文化资本",这种文化资本会促进经济资本和文化资本的发展。总而言之,对于课程文化发展问题,西方体制认为课程文化是以个体价值为核心展开的,整体趋势偏重个体价值取向;我国将集体价值作为课程文化发展的根本取向,强调集体价值是课程文化发展的出发点和归宿。"课程文化建设在课程发展中的重要性以及我国的国情,决定了高等院校在课程建设和教学实践中,必须把彰显社会主义核心价值观摆在突出位置,这既是我国高等院校课程文化发展的内在要求,也是高等院校教师的职责和使命。"④因此,我国高等院校"课程思政"建设为课程文化的发展开辟了新渠道,中国特色课程文化体系的有效建构离不开高等院校"课程思政"建设的贯彻实施。在我国高等院校,"课程思政"理念与课程文化建设具有异曲同工之处,所以,课程文化发展理论是"课程思

---

① 江红来. 课程文化定义的探讨[J]. 辽宁教育研究,2006(9).
② 胡洪彬. 课程思政:从理论基础到制度构建[J]. 重庆高教研究,2019(1).
③ 高有华. 国际课程专家的课程视野[M]. 合肥:安徽师范大学出版社,2012:138.
④ 胡洪彬. 课程思政:从理论基础到制度构建[J]. 重庆高教研究,2019(1).

政"建设的依托。

（二）有效教学理论

有效教学理论起源于 20 世纪初，是教育学领域的重要理论，是现代教学论的一种重要形态。从概念上看，有效教学是教师以教育教学规律为准绳，以激发学生的学习热情为着力点，以达到预期教学效果为目的的教学过程。现代教育的发展对有效教学的需求愈来愈强烈，夸美纽斯（Comenius）说过："求学的欲望应彻底在学生身上被激发出来。"①这句话具有两层意思，第一层意思说明了有效教学的重要意义；第二层意思暗含了其实现的难度。我国高等院校"课程思政"建设的目的在于回归教学初衷，育人为本，即促进大学生的全面发展。从影响因素上看，教师的教学态度与教学能力、教学内容和教学目标深刻影响着有效教学的实现程度。比如，教师是否以一颗热情之心对待教学、是否实施井井有条的教学活动、教学内容与教学目标是否科学等，都是评价教学是否有效的重要变量。教师是否具有正确的价值观，教学内容和教学目标是否蕴含科学的价值取向，在很大程度上决定了教学有效性实现的程度。

作为促进价值观教育与专业知识和能力培养相结合的教育理念，我国高等院校"课程思政"建设要求专业课教师在教育教学过程中做到知识传授与价值引领的有机统一。"课程思政"建设不仅在于促进专业课教学内容的丰富和完善，提升专业课教学的厚度，更在于通过价值观教育与专业课内容的有机融入来提升专业课教学的温度，实现专业知识、能力培养与价值观引导的内在契合。由此可见，在内在逻辑上，有效教学理论与我国高等院校"课程思政"建设具有一致性。

（三）潜在课程理论

美国学者杰克逊率先提出了潜在课程理论，显性课程是潜在课程的对立面。国内外学者均从不同视角对潜在课程理论进行了诠释，比如，柯尔伯格强调潜在课程对于个体道德养成的重要意义；林江青主张潜在课程是潜隐在正式课程以

---

① ［捷］夸美纽斯.大教学论［M］.傅任敢译，北京：人民教育出版社，1984：123.

外的课程。因此,潜隐性是潜在课程的首要特点。潜在课程以"间接的、内隐的、不明确的方式,在潜移默化中,使学生不知不觉地受到教育"①。虽然潜在课程以潜在的形式存在着,但其形成的教育效果却是长期的、渐进的。潜在课程的这一特性与本文所述的高等院校"课程思政"的概念殊途同归,进行"课程思政"建设的课程就是除了思想政治理论课程之外的其他各类课程。中国高等院校"课程思政"建设就是要挖掘非思想政治理论课程中的思想政治教育元素,实现寓价值观教育于思想政治理论课之外的课程中。运用潜在课程对新时代大学生进行价值观教育有异于运用思想政治理论课程的价值观教育,思想政治理论课程是一门直接对大学生进行价值观教育的正式课程,而"课程思政"建设是挖掘专业课程中的思想政治教育资源,将这种思想政治教育元素有机地融入知识传授和能力培养之中,达到价值观教育润物细无声的效果。我国高等院校"课程思政"改革的目的在于激发除思想政治理论课程之外的其他课程的育人功能,使潜在课程与思想政治理论课程一道,为实现高等院校立德树人的根本任务贡献一己之力。由此可见,潜在课程理论为我国高等院校"课程思政"建设提供了一定的理论指导。

(四)建构主义理论

建构主义理论的典型代表人物是瑞士心理学家皮亚杰,以皮亚杰为代表的学者以儿童与客观环境的相互影响为切入点,提出了两个概念,即"同化"和"顺应"。所谓"同化",就是儿童将客观环境中的相关信息纳入自身的认知结构,进而产生内化的过程;所谓"顺应",就是客观环境的变化促使儿童的认知结构进行重组和改造,简言之,"就是个体的认知结构受外部刺激的影响而发生改变的过程。"②前者扩充了儿童认知结构的数量,后者改变了儿童认知结构的性质。对于其他社会成员来说,亦是如此。同化与顺应是促使个体与周围环境达到一种平衡状态的两种形式,当社会成员能够以现有的图式去同化新信息时,他与周围环

---

① 高有华.国际课程专家的课程视野[M].合肥:安徽师范大学出版社,2012:192.
② 程卫东,王永辉.现代教育在中学数学教学中的探索[M].长春:吉林人民出版社,2019:52.

境就处于一种平衡的认知状态;相反,如果社会成员现有的图式不能同化新信息时,原有的平衡状态将被打破,而修改或创造新图式(顺应)的过程就是探寻新平衡的过程。同样,大学生认知结构的建构过程也是通过同化和顺应实现的,并且这种认知结构不断地在"平衡—不平衡—新的平衡"的循环中得以丰富和发展。

建构主义教学观主张"学习者是信息加工的主体,是意义的主动构建者;教师是意义构建的促进者和帮助者"①。在教育教学过程中,教师要根据学习者原有的经验、心理结构和信念来构建知识,从而对其开展有意义的学习;在教育教学过程中,教师不仅要发挥自身的主导作用,还要尊重和激发学习者的自我认知主体作用,强调学习者的主动性、社会性和场景性;教育教学过程还强调提升学习者的自我控制能力,减少对其造成影响的外部控制,培养学习者的独立意识。我国高等院校"课程思政"建设要求专业课教师不仅要在寓价值观引导于知识传授、能力培养过程中充分发挥自身的主导性,还要尊重大学生的主体性,以大学生现有的认知结构为基础引导他们进行新知识的主动建构。比如,专业课教师在选取专业课程中内隐的思想政治教育资源时,需选择与大学生学习生活紧密度高的案例,进而引起大学生的共鸣。专业课教师运用这种教育方式开展"课程思政"建设,有利于增强新时代大学生对"课程思政"的接受和认可,实现寓立德树人于润物细无声之中。因此,建构主义理论对我国高等院校"课程思政"建设具有重要的指导意义。

---

① 王辉.基于移动互联网环境的大学英语词汇习得模式研究[M].成都:四川大学出版社,2019:29.

第二章 "三全育人"
与课程思政的内涵界定与基本理论

　　厘清研究的范围和界限,是任何学术研究都要遵从的前提。"课程思政"是落实立德树人根本教育任务,在专业课和通识课中融入思政元素以实现全员育人、全程育人、全方位育人格局的教育改革举措。因此,本章的主要任务是交代本研究所使用的相关概念的基本内涵、理论基础和逻辑联系。在此基础上,本章对立德树人、三全育人和课程思政进行了概念界定,分析了高校"课程思政"建设的理论基础,探讨了"三全育人"与"课程思政"的逻辑联系。

第一节 "三全育人"与课程思政的内涵界定

一、相关概念界定

（一）立德树人

　　立德树人是高校教育的根本任务,育人工作是"三全育人"和"课程思政"的核心,因此在梳理"三全育人"和"课程思政"的内涵之前,必须对立德树人有一个全面的掌握。首先是关于立什么德的问题。习近平总书记明确指出:"人才培养一定是育人和才统一的过程,而育人是本。人无德不立,育人的根本在于立德。这是人才培养的辩证法。办学就要尊重这个规律,否则就办不好学。要把立德树人的成效作为检验学校一切工作的根本标准,真正做到以文化人、以德育人,不断提高学生思想水平、政治觉悟、道德品质、文化素养,做到明大德、守公德、严私德。"①明大德即明国之大德,是指增强国家认同感与责任感,放在我国教育中,即要引领大学生坚定共产主义信念之德、筑牢中国特色社会主义共同理想之德。守公德即遵守社会公德,维护社会公共生活正常秩序,坚守职业道德准则,全心全意为人民服务。严私德就是要严格约束自己的操守和行为,提升个人品德,正确处理好个人与集体和个人利益与社会利益的关系。习近平总书记强调,青年大学生不仅要修大德,还要从身边小事做起修好私德。具体而言,就是要做到"学会劳动、学会勤俭,学会感恩、学会助人,学会谦让、学会宽容,学会自省、学会自律"②。严私德要正确处理好人与自然和人与社会的关系。其次是关于树什么人的问题。树人即培养什么样的人,习近平总书记强调:"育新人,就是要坚持立德树人、以文化人,建设社会主义精神文明、培育和践行社会主义核心价值观,提高人民思想觉悟、道德水准、文明素养,培养能够担当民族复兴大任的时代新人。"③习近平总书记关于"时代新人"的论述,给高校思想政治工作指明了方向,立德树人是当前我国高等教育的根本任务,引领大学生立中国特色社会主义道德,树担当民族复兴大任之人。

(二)三全育人

"三全育人"主要指全员育人、全过程育人和全方位育人三个方面,其目的是促进教育对象的全面发展,成长成才。"三全育人"的提出不仅体现了党和国家对学生思想政治素养的高度重视,也是高校思想政治工作改革创新的新途径。全员育人、全程育人、全方位育人其根本目的是构建一体化育人体系,以落实立德树人根本任务。

1.全员育人

"全员"包括校内、社会、家庭所有与育人有联系的群体,在高校特定环境下的"全员"涵盖所有教师、教辅人员、管理部门人员、服务部门人员、后勤保障人员和学生本人。"育人"一词在现代汉语词典中的解释是:育即教育、培养,对受教育者进行德、智、体、美等多方面的教育、培养,即为育人。"全员育人"是从育人队伍层面,对高校工作者提出的要求,强调不仅是教师岗,还包括行政部门、服务部门和后勤部门等所有人员都要有育人觉悟,肩负起育人责任,发挥好育人职能,全部参与到学生培育工作中来,统筹协调、齐抓共管。需要指出的是,"全员育人"并不是要求所有人都站上讲台授课说教、处处讲座,而是希望高校所有人员牢固树立"育人"意识,利用个人工作职能和自身素养,自觉地将"立德树人"目标渗透于各自的工作、生活的言行之中,以言行举止或人格魅力引导人、影响人。简言之,"全员育人"是指动员高校所有人员参与学生的德育工作,以实现"立德树人"的根本任务。

虽然人人皆育人,但教师是育人队伍的中坚力量。尽管高校所有在职人员都肩负大学生思想政治教育的责任,但由于工作有主次、术业有专攻,因此在追求利益最大化、效果最优化的原则下,不同岗位和不同课程的教师在大学生思想政治教育实施过程中分工不同。与行政岗人员与后勤服务部门人员相比,教学岗位上的人员是大学生思想政治教育工作的专职队伍。思想政治理论课教师专业理论扎实与专业技能过硬,是一支能力强、业务精的优良队伍;班主任和辅导员与大学生接触最频繁,对大学生总体情况的了解最深入,身处大学生工作的第一线,是落实大学生思想政治教育工作的重要人员;专业课教师对大学生起着最直接、最具体的影响,其个人素质、工作态度都对大学生思想政治素养、人格品德养成和职业道德和职业规划有着重要作用;通识课教师在拓宽学生视野的同时,对大学生社会责任感、健全人格养成也起着举足轻重的影响。

2.全过程育人

"全过程育人"是从时间维度对育人提出的要求,即从大学生入校开始,到大学生毕业离校结束,贯穿大学生学习和生活的始终,在此期间进行不间断的思想政治教育,育人的持续性和育人的连贯性是全过程育人的两大特征。一方面,高校思想政治教育不是只停留在某一时间段上的课堂理论知识讲授,而应该是自大学生入学以来,直到求学结束离开学校所进行的持续性思想政治教育,包括课堂内外、上课期间和节假日期间、在校期间和离校期间等所有时间段内的学习和生活。另一方面,在这个过程中,思想政治教育不是永恒不变、平铺直叙的理论教育活动,而是遵循大学生成长发展的特点,借助专业课程、实践活动、校内见习和校外实习等各种载体,将育人元素渗透到大学生生活和学习的各个环节,做到具体问题具体分析、不同阶段不同侧重点,对大学生进行连贯的思想政治教育,实现对大学生无处不在的思想政治教育。从全过程育人的狭义来看,全过程的变量是育人时间的纵向性,强调时时皆育人,即将思想政治教育不间断地贯穿到学生进校至毕业离校这一时间段,并且包括挖掘家庭和社会育人资源,育人于大学生活期间的方方面面;从广义来看,全过程育人实际是形成一套完整的教育体系,以大学生成长规律和需求为依据,在不同时间段有目标、有计划地实施思想政治教育,实现阶段性和整体性的统一。

3. 全方位育人

"全方位育人"主要是指所有教育紧紧围绕立德树人为根本任务,调动一切可利用的资源,充分提升思想政治工作的实效性,实现促进大学生的成长成才的目标。首先,全方位育人反映的另一个侧面是"育全面发展人",两者互为因果关系。一方面,全方位育人的实施必然形成人全面发展的结果;另一个方面,因为要促进人的全面发展,所以提出了全方位育人策略。全面发展不是指德智体美劳均衡等量地发展,德育在全面发展教育中居于'为首''为先'和'为本'的地位,这决定了思想政治教育的重要性。这一观点不仅肯定了思想政治教育的重要性,还进一步说明了实现大学生全面发展,必须加强德智体美劳全面地教育和培养。其次,整合一切可以利用的教育载体,将隐性育人资源与显性育人资源相结合,使思想政治工作融入大学生学习与生活的方方面面。一方面,发挥课堂教学主渠道作用,充分挖掘专业课和通识课的思政元素,打通课堂内外之间的壁垒,实现专业课程、课外活动、社会实践与网络教育的无缝衔接。另一方面,充分发挥思想政治教育的隐性功能,营造风清气正的思想政治育人环境。高校各职能部门工作同向同行,从优化顶层设计、完善机制体制、校园文化建设等方面着手,打造出像空气一样无处不在、无时不有的育人氛围,推动良好校园育人环境的建设。

(三)课程思政

从字面上看,"课程思政"由"课程"和"思政"两个短语组成,其中"思政"是中心词,"课程"是修饰语。

何谓"思政"?从现实来看有两种,一是对"思想政治"的简称,如"思政工作""思政教育""思政课程""思政理论",分别对应"思想政治工作""思想政治教育""思想政治课程""思想政治理论";二是对"思想政治教育"的简称,如"思政活动""思政专业""思政职业",分别对应"思想政治教育活动""思想政治教育专业""思想政治教育职业"。但当这两重含义与"课程"相连组成"课程思政"时,则不是指"思想政治",而是指"思想政治教育";不是指"思想政治教育职业"或"思想政治教育专业",而是指"思想政治教育活动",即专指"思想政治教育"这样一种社会实践活动。

何谓"课程"?从字面上来说,是指以课堂为渠道、以教材为载体的知识传递程序或进程。从理论上来说,应包括高校所开设的所有课程,既包括理论课程,又包括实践课程;既包括显性课程,又包括隐性课程。但其与"思政"相连时,则类似于教育学所谓"学科德育",即在学科课程教学中渗透德育,而目前高校的学科课程主要是课程思政理论课、专业课和通识课,可见"课程思政"之"课程"在理论上应该包括课程思政理论课、专业课和通识课等课程。①

结合上述内容,"课程思政"就包括"课程思政理论课""专业课""通识课"和"思想政治教育活动"等关键词,则其含义可以初步理解为:依托或借助课程思政

---

① 田北海.何为课程思政,思政课程何为?——课程思政建设的含义及其实现路径[J].中国农业教育,2020,21(4):35-40.

理论课、专业课、通识课等课程开展的思想政治教育实践活动。若进一步考虑，从"思想政治教育"这一社会实践活动包括思想政治理论教育和思想政治实践教育这一现实来看，则课程思政理论课是其主渠道。因为课程思政理论课既包括课堂教学也包括实践教学。其中，思想政治理论教育以课堂教学为主要形式，思想政治实践教育以实践教学为主要形式。换而言之，课程思政理论课教学本身就属于思想政治教育。从现实来看，课程思政理论课作为大学生思想政治教育的主渠道，在高校思想政治教育中处于主导地位，对于培养德智体美全面发展的社会主义建设者和接班人发挥了重要作用。就目前的情况来看，问题在于多年来课程思政理论课一直单打独斗、孤军奋战，其他课程蕴含的思想政治教育资源和功能没能得到有效发挥，大学生思想政治教育的课程育人合力没能形成，影响了大学生思想政治教育的实效。"课程思政"概念的提出与探索正是为了化解这一问题，所以"课程思政"旨在挖掘和发挥专业课、通识课的思想政治教育资源与功能，其侧重点不在课程思政理论课，而是以构建全员、全程、全课程育人格局的形式，将各类课程与课程思政理论课同向同行，形成协同效应，把立德树人作为教育的根本任务的一种综合教育理念。①

由此可见，"课程思政"的含义可以进一步理解为依托、借助专业课和通识课而进行的思想政治教育实践活动，或者是将思想政治教育寓于、融入专业课和通识课的教育实践活动。这样理解既关照了"课程思政"建设的重点，又将"课程思政"与"思政课程"所涉"课程"进行了适当的划分，不至于两者在概念上纠缠不清，有利于回击关于"课程思政"与"思政课程"之间关系的"包含论""升级论""替代论"等错误观点。②

那么课程思政与思政课程之间的具体区别是什么？课程思政是指"将高校思想政治教育融入课程教学和改革的各环节、各方面，实现立德树人润物无声"，即寻求各科教学中专业知识与思想政治教育内容之间的关联性，并在课程开展

---

① 魏敏. 课程思政与思政课程的差异与互鉴[J]. 中国政治教学参考,2020(25):81-82.
② 赵继伟."课程思政":涵义、理念、问题与对策[J].湖北经济学院学报,2019,17(2):114-119.

的过程中,将思想政治教育的相关内容融汇于学科教学当中,通过学科渗透的方式达到思想政治教育的目的;而思政课程主要指学校专门开设的为实现思想政治教育目标的一系列显性课程,在课程内容上主要是以马克思主义为指导传播社会主义意识形态,具有鲜明政治属性的课程。①

课程思政与思政课程有共同的课程目标,即传播社会主义主流意识形态,但是二者在课程讲授方法上存在着明显差别。课程思政往往采取一种比较潜隐的形式渗透于专业课的教学过程当中,学生于潜移默化中接受主流价值观念的熏陶;思政课程更多强调一种显性的社会意识形态灌输,通过系统化的课程体系,由具有专业知识背景的教师将各种社会主流价值观及道德规范通过讲授法等方式直接传授给学生。②

二、三全育人与课程思政的关系

"三全育人"指"全员、全程和全方位育人",是提升高校思想政治教育质量的一项综合改革,强调要"构建宏观的一体化育人体系,使思想政治工作体系贯通学科体系、教学体系、教材体系、管理体系"③;"课程思政"是一项把思政教育贯穿教育教学全过程的教学改革,二者在内涵上既有不同的地方,又有相互联系,是辩证统一的关系,其内在联系体现在以下三个方面:

(一)以全面发展为共识:"课程思政"助推"全方位育人"

"全方位育人"着力于突破传统育人内容的壁垒,强调进行课程育人、资助育人等,由此实现学生的全面发展。学校传统的育人工作是壁垒鲜明的两大模块,学生的思想政治教育职责主要由专门的思政工作队伍来承担,而专业知识教育则由专业课程任课教师进行,两大模块各司其职,看似分工明确,实则将学生的思想品质和知识素养割裂开来,是造成高校"重智育轻德育"弊病的原因之一。

---

① 蔡心轶. 关于课程思政与思政课程同向同行的理论分析[J]. 教育信息化论坛,2017(11):48 - 49.

② 夏晓红. 基于"课程思政"育人理念的高校化学教学[J]. 大学化学,2021,36(3):5 - 10.

③ 中华人民共和国教育部. 教育部办公厅关于开展"三全育人"综合改革试点工作的通知[EB/OL]. (2018 - 05 - 28)[2021 - 01 - 16]. http://www. moe. gov. cn/srcsite/A12/moe_1407/s253/201805/t20180528_337433. html.

"课程思政"是课程育人的重要抓手,强调在向学生传授专业知识的过程中加强对其的思想政治教育,融合德育与智育、美育、体育以及劳动教育。由此可见,"课程思政"是革除"重智育轻德育"弊病的有效手段,是高校"全方位育人"的重要依托。二者共同强调知识教育与思政教育的融合,强调培养全面发展的学生,但二者借助的手段不尽相同,"全方位育人"以十大育人体系为基础,即课程、科研、实践、文化、网络、心理、管理、服务、资助、组织这十大育人模块;而"课程思政"主要依靠课程、教学和课堂来贯彻融合育人理念,其对实现"全方位育人"目标起着强有力的助推作用,是"全方位育人"的重要抓手。

(二)以教学全过程为关键:"课程思政"助推"全程育人"

"全程育人"是对传统的学校育人时间的突破,将原本零散的、阶段性的育人时间拓展到了学生的整个受教育过程,体现了学校思想政治教育工作的贯通性。高校传统的育人工具或者说育人手段主要依赖于马克思主义理论课程和思想政治教育课,其他课程对此较为忽视,高校育人时间很大程度上仅限于"两课"课堂内,难以将育人时间涵盖至学生培养全程,实现"时时育人"目标,"课程思政"的提出即是针对传统育人手段的弊端,力求通过育人时间的延长来实现育人成效的提升。"课程思政"是"全程育人"的构成要素,它改变了传统的育人方式,把思政教育工作贯通到高校教育教学全过程中。通过"课程思政"教学,高校一方面依托思想政治理论课和其他各专业课程,创新教学方式,拓宽育人渠道和育人时空范围;另一方面建立起涵盖本科生、研究生,涉及高校全部学制的课程育人方案,使全体学生在每一个阶段都能获得课程目标各有不同的思想政治教育教学资源和教学服务。"全程育人"和"课程思政"内涵都有贯通育人的意味,但"课程思政"主要通过"大教学观"下的"一个教学体系、三个层面"——课程、课堂和教材,将贯通育人落到实处,实现高校育人在教学全过程的覆盖,而"全程育人"实现的是高校育人从学生入学到毕业的全程覆盖。"课程思政"以教学为主要依托、以整个教学过程为关键,助力高校实现"全程育人"的德育目标。

(三)以教学人员为主力军:"课程思政"助推"全员育人"

"全员育人"是对育人主体的突破,学校全体教职人员都要承担育人职责,全体学生都有进行思想政治自我教育的能动性。传统的育人活动割裂了学校教师教书育人的工作职责,专业课教师仅负责对学生进行知识体系教育,育人成为思政教育工作者的专属职责;传统的育人活动缺乏联动机制,专业课教师、行政人员、后勤人员之间存在育人"壁垒",并未调动全体教职工参与到育人工作中;传统的育人活动仍旧停留在"以教师为中心",忽视了学生可以进行思想政治自我教育的能动性。落实"全员育人"理念,要求构建学校和院系协同育人体系,搭建起涵盖各级职称教师和各行政级别职工的无差别化的育人工作队伍,同时引导学生进行思想政治自我教育。"全员育人"强调育人主体的全覆盖,"课程思政"是"全员育人"的重要组成单位,加强其建设是实现"全员育人"目标的途径之一。在现有的高校思政教育工作体系的基础上,通过"课程思政"教学可以充分落实全体高校教师的育人职责,不仅发挥思政理论课的主渠道作用,而且使"其他各门课都守好一段渠、种好责任田"[①];同时,加强高校"课程思政"教学要求校院两级相关党政管理干部、后勤服务人员协同联动,为其"保驾护航"。由此可见,二者都强调构建起协同育人体系,但"全员育人"所涉及的协同育人主体涵盖全校所有教职员工和学生,而"课程思政"所覆盖的主要是这一教学活动所牵涉到的教学管理人员和任课教师。"课程思政"以教学相关人员为主力军,助推实现"全员育人"目标。

---

① 习近平.把思想政治工作贯穿教育教学全过程,开创我国高等教育事业发展新局面[N].人民日报,2016-12-09(01).

第二节
课程思政与其他相关概念的理解与辨析

一、课程思政与思想政治理论课的关系

课程思政与思想政治理论课(口语中常称为"思政课程")既有区别又有联系。"课程思政其实质不是增开一门课,也不是增设一项活动,而是将高校思想政治教育融入课程教学和改革的各环节、各方面,实现立德树人、润物无声。"①可以说,课程思政实质是一种创新的教育理念,它既不是指具体的一门思想政治理论课,也不是要新增几门思想政治理论课替代现有的思想政治理论课,而是通过深入挖掘专业课和综合素养课的德育内涵和德育因素,促进显性教育和隐性教育相融合,即寻求各科教学中专业知识与思想政治教育内容之间的关联性,并在课程开展的过程中,将思想政治教育的相关内容融入学科专业教学中,通过学科渗透的方式达到思想政治教育的目的。思想政治理论课主要指学校专门开设的为实现思想政治教育目标的一系列课程,在课程内容上主要是以马克思主义为指导传播社会主义意识形态,具有鲜明的政治属性。二者的区别主要表现在授课内容、育人方式、作用效果等方面。

从授课内容而言,高校思想政治理论课主要包括"马克思主义基本原理概论""中国近现代史纲要""毛泽东思想和中国特色社会主义理论体系概论""思想道德修养与法律基础""形势与政策"等课程,课程内容上主要是以马克思主义为指导,传播社会主义核心意识形态,具有鲜明的政治属性。虽然在育人任务上

---

① 高德毅,宗爱东.课程思政:有效发挥课堂育人主渠道作用的必然选择[J].思想理论教育导刊,2017(1):31-34.

课程思政与思想政治理论课是一致的,但在教学内容上又有不同,它更多的是通过将思想政治教育寓于其他各类课程的教学过程,推动其他各类课程结合教学相关内容和各个环节潜移默化地对学生实施思想政治教育,是借助其他各类课程巧妙地融入思想政治教育的内容。可以说,课程思政是对传统思想政治教育观念的突破,在教学载体上有所拓展,在教学方法上有所创新。

从育人方式上看,思想政治理论课是显性育人,课程思政更多的是隐性育人。高校思想政治理论课的内容边界和学科定位较为明显,更多强调一种显性的社会主义意识形态灌输,通过系统化的课程体系,由具有专业知识背景的教师将主流价值观通过讲授的方法直接传授给学生。课程思政则更多是隐性育人,着力于将价值观的培育和塑造"基因式"植入所有课程,将思想政治教育贯穿于学校教育教学全过程,将教书育人内涵落实于课堂教学主渠道,将知识传授与价值引领结合起来,真正实现在价值传播中凝聚知识底蕴、在知识传播中强调价值引领,于润物无声中立德树人。

从作用效果来看,思想政治理论课在思想政治教育中发挥浸润作用,高举政治旗帜、根植理想信念,不断强化对学生"四个服务"(为人民服务、为中国共产党治国理政服务、为巩固和发展中国特色社会主义制度服务、为改革开放和社会主义现代化建设服务)意识的培养。课程思政则是发挥深化和拓展作用,在其他课程的知识传授中强调主流价值引领,保证正确的政治方向。

然而,在大思政工作体系和新时代教育发展的背景下,思想政治理论课与课程思政又是紧密相连的。思想政治理论课需要发挥主渠道、主课堂的显性功能;课程思政则可以进一步拓宽思想政治理论课的内涵,实现"其他各门课都要守好一段渠、种好责任田,使各类课程与思想政治理论课同向同行,形成协同效应"的目标。

一是二者在指导思想上是一致的,都强调坚持马克思主义的指导地位。思想政治理论课是进行思想政治理论教育的主要课程体系,而课程思政则是含有思想政治教育目标的教学体系。我国高校是社会主义性质的高校,人才培养首先要坚持正确的政治方向,坚持以马克思主义为根本价值遵循。所有课程教学都要以马克思主义为指导,坚持正确的政治方向,遵循社会主义核心价值观。课程思政要把握政治方向,树立大局意识,与思想政治理论课一道,共同承担好对大学生进行思想政治教育的职责。

二是思想政治理论课和课程思政在育人方向上是一致的。思想政治理论课和课程思政都是立德树人的重要形式,本质上都是做育人工作,核心都是解决"为谁培养人、培养什么样的人"的问题。我国高等教育对人才的培养,就是为了建设新时代中国特色社会主义服务的,是为了使学生增强"四个自信",要将社会主义核心价值观教育融入教学过程,在课堂上对学生根植正确的理想信念,坚定政治立场,强化思想引领。随着中国特色社会主义进入新时代,课程思政与思想政治理论课都要以学习贯彻习近平新时代中国特色社会主义思想为根本遵循,在育人方向上要紧密围绕"四个自信"做好学生的思想政治工作,努力把握专业育人和全员育人的共通点,实现对学生的价值引领,达成课程思政与思想政治理论课的协同发展、同向同行。

二、课程思政与学科德育的关系

课程思政与学科德育既有区别又有联系。有学者认为,"学科德育这一概念更适用于基础教育,而课程思政这一概念更适用于高等教育,两者有相通的基础,也有衔接贯连的可能和必要"①。一般而言,学科德育确实多侧重中小学的思想道德教育,各省也制定了相关纲要,比如山东省在 2016 年 5 月 25 日召开《山东省中小学德育课程一体化实施指导纲要》新闻发布会,提出了学科德育、实践德育的理念和做法,达到增强学生的道德体验和道德实践能力的效果。课程思政多侧重于高等学校的思想引导,如 2014 年上海市委、市政府印发《上海市教育综合改革方案(2014—2020 年)》,将德育纳入教育综合改革重要项目,逐步探索从思政课程(思想政治理论课)到课程思政的转变。下面从概念和适用学段两个方面作简要辨析。

---

① 葛卫华. 厘定与贯连:论学科德育与课程思政的关系[J]. 中国高等教育,2017(3):25.

从概念上来看,1985 年出版的《中国大百科全书》中将德育定义为"教育者按照一定社会或阶级的要求,有目的、有计划、有组织地对受教育者进行系统的影响,把一定的社会思想和道德转化为个体思想意识和道德品质的教育"①,强调思想性和道德性的输入。学科德育的概念则起源于 2000 年中共中央办公厅、国务院办公厅所颁布的《关于适应新形势进一步加强和改进中小学德育工作的意见》,其中指出:"德育要寓于各学科教学之中,贯穿于教育教学的各个环节。"学科德育是对中小学狭义地承担直接德育的德育学科的超越。学科德育强调在学科中渗透德育,尤其指学校内各科目中德育要素的总和。课程思政这一概念则来自上海高校对 2016 年全国高校思想政治工作会议精神落实的实践探索。课程思政是对高校承担的作为思想政治教育直接渠道的思政课程的超越,强调在课程中渗透思想政治教育,包括学校中所有课程中所包含的思想政治教育资源与要素。具体来说,它就是要求在思想政治教育目标准确定位和功能明确的前提下,充分挖掘各门课程的思想政治教育资源,拓宽教育的渠道,发挥教育主体的协同育人功能,并将理论与实践、教学目标与教学内容高度融合,实现高校思想政治教育理念的变革和创新。

从适用学段来考虑,笔者认为学科德育更适用于基础教育,课程思政更适用于高等教育。原因有二:其一,学科德育在重视德育的基础上,更多的是强调学科。在中小学教学中,学科更加具体,特指语文、数学、英语等科目。课程思政在重视思想政治教育的基础上,强调课程。在高等教育的语境范畴中,课程是指学校学生所应学习的学科总和及进程与安排,包括学校老师教授的各门学科和有目的、有计划的教学活动。学科特指"相对独立的知识体系"和"为专业设置的学科分类",比如独立知识体系下的自然科学、工程与技术学科,专业设置的学科如哲学、经济学、文学等。所以,若在中小学提倡课程德育,在高校提倡学科思政,就会显得概念指向不够明确。其二,在基础教育中,普通中小学的任务主要是培养学生的基本素质,为他们学习做人和进一步接受专业教育打好基础。青少年

① 中国大百科全书:教育卷[M].中国大百科全书出版社,1985:101.

儿童的这种基本素质的养成是基础性的、全面性的,同时由于每一个少年儿童都需要这种发展,所以,普通中小学教育具有基础性、全面性和全体性的特点。在这个意义上来说,基础教育中用德育这个相对泛化的概念更适用。德育则更多强调的是思想品德的教育,这对于着重塑造学生心灵的中小学生而言,更加贴切。相对而言,高等教育阶段的学生,他们的身心发展和认知水平都有了一定的积累,道德行为规范也已经基本养成,对中国的政治制度和发展道路有所体会,在此基础上,开展更加鲜明的思想政治教育更能适应高校学生的发展。积极践行课程思政的教育理念,也能更好地回答"为谁培养人、培养什么样的人、怎样培养人"的高校教育的根本任务。

实际上,学科德育与课程思政虽然有所区别,但是它们本身有诸多相似、相同点,这些共同点也就成为贯连学科德育与课程思政的重要基础。第一,二者有共同的理论基础。学科德育与课程思政共同的理论基础都是马克思主义基本原理、毛泽东思想和中国特色社会主义理论体系。其中,社会存在和社会意识相互关系的学说、人的本质的学说、各种社会意识形态在社会中的作用及相互关系的学说等,为学科德育与课程思政的形成、发展奠定了理论基础。第二,二者有共同的育人目标。二者都是将提升德育实效性当作目标,将立德树人当作根本任务,将社会主义核心价值观作为核心内容,科学、有序地融合进各学段各学科。学科德育与课程思政都是在帮助学生了解学科的知识体系、概念体系、逻辑体系的基础上,引导学生形成积极的人生观、正确的价值观。无论是学科德育,还是课程思政,都应以社会主义核心价值观为核心教育指向,以政治认同、国家意识、文化自信和公民人格为重点的顶层内容体系构架,并根据不同学段的学生特点,开展德育课程一体化设计。第三,二者有共同的育人途径。二者都致力于充分挖掘各学科的德育和思想政治教育内涵,实现能力培养与道德养成的有机融合。在进行学科教学的同时,将在各学科教学内容中蕴含的政治思想和道德因素通过有效的手段和方法,自然地融合到课堂教学的各个环节之中,从而实现育人功能。学科德育与课程思政都是通过特定途径向受教育者传递相关信息,促使这些信息为受教育者所内化和外化。教育主客体发生联系的途径都大致表现为课堂教学的传播、学习活动任务的融入。第四,学科德育和课程思政都注重全员、全过程、全方位育人,力图构建大思政工作格局,使各类课程与思想政治理论课同向同行,形成协同效应,是把立德树人作为教育的根本任务的一种综合教育理念。无论是适用于中小学的学科德育,还是适用于高校的课程思政,二者都通过教学实践的方式,实现"立德树人"的教学目标。

总之,由于基础教育和高等教育之间形成了人才培养的供应链关系,基础教育的人才培养目标来自高等教育和现实社会的需求,而高等教育的人才培养目标来源于现实社会的需求。所以,从人才培养的这条价值供应链关系的角度而言,学科德育与课程思政应当衔接起来,在不同的阶段发挥各自的育人价值功能。

三、思想政治教育显性与隐性的关系

围绕"知识传授与价值引领相结合"的目标,服务思想政治教育的内容,在课程教学组织上又有显性教育与隐性教育之别。显性教育和隐性教育二者不是一种具体、单个方法的名称,而是一种类型的方法称谓。其中,前者指的是教师组织实施的,直接对学生进行公开的道德教育方式的总和。在课程内容上主要是以马克思主义为指导,传播社会主义意识形态,具有鲜明政治属性的课程。隐性教育则指的是引导学生在教育环境中,直接体现和潜移默化地获取有益学生个体身心健康和个性全面发展的教育型经验的活动方式及过程。隐性教育主要采取隐性渗透的方式,寓思想政治教育于各类课程之中,包含综合素养课(通识教育课、公共基础课)和专业教育课,通过潜移默化的方式,实现对学生的思想价值引领。

首先,显性教育和隐性教育是思想政治教育实施过程中相辅相成、辩证统一的一对方法。二者的实施特点不同,分属不同的教育形态;但又在不同层面共同构成实施方法的主体,并且相互联系,相互补充。缺少任何一方,都难以形成一个有效的系统。

从逻辑上看,两者具有不同的质性,内涵上不相容,具有相对独立性。显性

教育是通过有意识的、直接的、外显的思想政治理论课,使学生自觉受到影响的、有形的思想教育方式。而隐性教育则是无意识的、间接的、内隐的教育活动,使学生在潜移默化中,以专业知识学习为载体加强价值观教育。尽管显性教育大多数时候都是思想政治教育的主体,但显性教育和隐性教育不是主从关系,而是两个不同的工作方法,处于两个独立的教育形态。

从实践运行来看,显性教育和隐性教育又紧密相连。主要表现在几个方面:其一,显性教育与隐性教育分属思想政治教育的两种形态,但往往又互相交织在一起,隐性教育往往隐含在显性教育中。如进行专业知识传授的课程中,所传授的知识是显性的,而传授者的教育方式,主要包括人格魅力、爱国情怀、交流语调等,又是隐性的。其二,显性教育与隐性教育不是静态的,而是一种互动辩证的过程。隐性教育虽然是比较多地需要依靠教育主体的自我发挥来潜移默化地影响教育对象,但是如果被高度重视和精心设计,就会逐渐转化为某种意义上的显性教育。例如,上海高校牢牢抓住课堂这个主渠道,一方面积极探索在综合素养教育中根植理想信念的有效方式,推出了"中国系列"品牌课程,如上海大学的"大国方略"、上海交通大学的"读懂中国"等课程是典型代表;另一方面大胆创新,相继推出一批专业课作为践行课程思政理念的示范课,如华东政法大学的"法治中国"、上海中医药大学的"岐黄中国"是典型代表。专业课中的思想政治教育被深入挖掘进而凸显出来,逐渐转换成为显性教育。其三,显性教育和隐性教育是一种相互补充关系,只有二者相互支持、彼此认同时,才能共同促进教育对象对于思想政治教育的认同,取得良好的教育效果。

其次,既要把显性教育进一步强化,又要把隐性教育做足做深。要加强思想政治教育的显性教育,就要充分发挥思想政治理论课在价值引领中的核心地位。高校思想政治理论课是对大学生系统开展中国特色社会主义理论教育的课程,是社会主义大学的优势所在,也必须是高校人才培养的核心课程。为此,一要高度重视思想政治理论课一体化衔接的问题,既要做好与中小学政治课程的衔接,解决好知识重复和内容侧重点的问题,又要做好本科课程与硕士、博士研究生思想政治理论课的衔接,科学体现思想政治教育知识点在不同学历层次对象中广度与深度的不同要求。二要特别关注思想政治理论课内部横向贯通的问题,重点探索"马克思主义基本原理概论"等四门本科必修课和高校"形势与政策"课如何相互支撑、相互促进的关系。尤其要发挥高校"形势与政策"课的优势,这门课程汇聚了其他各门课程的基本原理,集中体现了马克思主义中国化的最新成果。三要大力探索高校思想政治理论课话语体系创新,处理好马克思主义理论学科建设与思想政治理论课程发展的相互关系,真正体现出学科、学术、学生"三位一体"的关系。四要积极探索高校思想政治理论课程如何运用好哲学社会科学学科资源,如何发扬中华传统文化资源,为上好思想政治理论课提供理论资源。另一方面,要加强思想政治教育的隐性教育,就要将马克思主义理论贯穿教学和研究的全过程,深入发掘各类课程的思想政治教育资源,从战略高度构建思想政治理论课、综合素养课、专业课"三位一体"的思想政治教育课程体系。对于综合素养课,在制定课程建设价值标准的基础上,可参考上海地区高校的做法,打造好一批"中国系列"品牌课程,从多角度阐述"中国方案",引导大学生增强"中国自信",实现润物细无声的效果。对于专业课,可采取"先试点、再推广"的模式,注重以专业知识为载体开展育人工作,根据课程的不同特性,挖掘其中的思想政治教育资源,通过编写课程教学方案,从教学目标和教学内容等各环节进行试点,然后进行推广。通过专题培训、实践试点等,在促进各类课程教育教学的同时,也引导授课老师运用马克思主义的立场、观点和方法来分析思考问题、教育引导学生,最终达成高校各类课程与思想政治理论课同向同行、协同育人。

总之,在思想政治教育过程中,既要强调显性的社会意识形态灌输,通过系统化的课程体系,由具有思想政治教育相关专业知识背景的教师通过直接讲授等方式显性地传授给学生,又要采取比较潜隐的形式,渗透于其他各类课程的教学过程当中,让学生于潜移默化中接受主流价值观念的熏陶,最终做到显性教育与隐性教育融会贯通、有机融合。在此过程中,既要坚持思想政治理论课的核心地位,又要充分发挥其他所有课程的育人价值;既要抓住课程教学这个核心环节,又要发挥全方位德育"大熔炉"的教育合力作用,最终思想政治教育实现从专人、单向向全员、多维的创造性转化。

四、思想政治理论课、综合素养课程与专业课的关系

课程思政的建设能否达到预期效果,很重要的一个问题是能否厘清思想政治理论课、综合素养课和专业课之间的关系。要从宏观上明确在对学生开展思想政治教育的过程中,专业课教师和思想政治理论课教师之间的分工、协作等问题。

首先,从课程外延上看,思想政治理论课、综合素养课和专业课三者间有着清晰的边界划分。高等教育中的思想政治理论课主要包括思想政治教育四门必修课和"形势与政策"课,综合素养课主要包括通识教育课、公共基础课等,专业课主要包括哲学社会科学课程、自然科学课程等。三者的建设重点和培养目标不尽相同。思想政治理论课承担着对大学生进行系统的马克思主义理论教育的任务,要教育引导学生全面学习掌握马克思主义基本原理、马克思主义中国化的重大理论成果,深入贯彻落实习近平新时代中国特色社会主义思想等。在综合素养课体系中,通识教育起源于古希腊的博雅教育,作为对全部学生开设的非专业性教育,现今在高等教育中起重要作用。一般认为,通识教育"既是大学的一种教学理念,也是一种人才培养模式"①,具有受众广泛、教育内容渊博以及所学知识的基础性的特征。公共基础课是高校各专业学生共同必修的课程。一般包括社会科学公共基础课、自然科学公共基础课和诸如社会实践等课程,如大学人文、大学物理、大学计算机、军训以及社会实践等课程。公共课是培养德智体美劳全面发展人才的重要支撑。在专业课的体系中,哲学社会科学课程关乎对人和社会的认知与理解的课程,是以马克思主义为指导,立足中国、借鉴国外、挖掘历史、把握当代,关怀人类等相关的专业课。自然科学课程主要是研究自然界有机或无机的事物和现象的科学,旨在揭示自然界发生的现象及其实质,进而把握规律性。

其次,从功能定位上看,思想政治理论课、综合素养课和专业课三者间既相联又不同。思想政治理论课主要可分为系统教育课程和特色教育课程,系统教

---

① 陈向明. 对通识教育有关概念的辨析[J]. 高等教育研究,2006(3):64-68.

育课程主要包括系统开展马克思主义理论教育教学,特色教育课程主要包括特色教育,比如扎实推进习近平新时代中国特色社会主义思想"三进"工作。综合素养课包括通识教育课和公共基础课,属于隐性思想政治教育阵地,应发挥深化和拓展其教育作用,在知识传授中强调主流价值引领,即在培育人的综合素养过程中筑牢理想信念。专业课根据两大类课程的不同,主要是深化和凸显哲学社会科学的社会主义意识形态功能,或拓展和增强注重科学思维和职业素养教育。在育人功能上,三者是紧密相连的。在专业课教学中践行课程思政的理念,离不开思想政治理论课的指导和引领,思想政治理论课也需要在专业课教学中通过践行课程思政的理念来进一步拓展深化,以提升其教育效果;而综合素养课则主要起着过渡的作用,成为过渡的桥梁。在育人的侧重点上,三者又是不同的。比如,在专业课教学中践行课程思政的理念更为侧重"点",以凸显深化之效;综合素养课主要侧重"线",凸显其串联的功能;思想政治理论课更为侧重"面",以凸显体系化之功能。在专业课教学中践行课程思政的理念所使用的教学方法、依据的原则,往往都具有学科专业的特殊性,而综合素养课和思想政治理论课的一般性和普遍性则更为突出。思想政治理论课可以为在专业课教学中践行课程思政的理念提供基本的理论指导,尤其是在教学设计与规划、教案内容的深度开发、具体思想政治理论教育原理的运用等方面发挥重要作用。综合素养课则在传承中华优秀传统文化方面发挥着"比较优势",既不同于思想政治理论课的理论指导,也不同于专业课的知识传授,而是对两类课程的有益补充,重在提高学生的综合素质。

最后,从协作分工上看,科学界定专业课、综合素养课与思想政治理论课之间的关系,直接影响到三类课程授课教师在思想政治教育中作用的发挥。在整个思想政治教育体系中,思想政治理论课教师应该扮演主导者的角色,积极参与综合素养课和在专业课教学中践行课程思政理念的规划设计以及教材的二次开发,密切关注教育对象思想政治教育整体的状态,对其中的偏离及时做出调整,帮助专业课和综合素养课教师进行教学反思,并为其提供理论支持及实践层面的答疑解惑。综合素养课教师应注重对传承中华优秀传统文化这一切入点的关注,对思想政治理论和专业课教师可能会出现的内容与使用不合理情况予以指导。专业课教师则应立足自身专业知识,对思想政治教育具体内容进行深化,为价值引领提供实践支撑。专业课教师和综合素养课教师在各自专业领域的优势往往是思想政治理论课教师所不具备的,这也是思想政治教育走向深入、走出单纯说教模式所最需要的。三者之间的分工协作,能最大限度发挥课堂教学的育人主渠道作用。

五、课程思政中教师作用发挥与教学内容设计的关系

课程思政特别强调发挥每门课程的育人功能,是贯彻落实立德树人根本任务的一种综合教育理念。它强调要在价值传播中凝聚知识底蕴,在知识传播中强调价值引领。课程思政实施的效果如何,既取决了教师作用的发挥,又受制于教学内容的设计。但是对于不同课程的授课教师来说,这是一项较大的挑战。

首先,应充分发挥教师的重要作用。要想在综合素养课和专业课教学过程中有效实施课程思政的理念,我们需要科学设计教学内容,加强顶层设计。但也不能忽视教师在课程思政工作中应发挥的重要作用。学校教学主管部门应结合本校实际情况和学校办学特色,积极构建健全的思想政治教育课程体系,宣讲课程思政建设的内涵,确立科学的实施方案,遴选合适的试点院系。在此基础上,构建合理的评价机制,完善激励制度,重视发挥教师的引领作用。

其次,应努力提升教师个人的教学能力。教师的教学能力主要包括课堂组织、与学生交流互动和教学研究等方面的能力。专业教师在专业知识传授上一般有自己的心得和方法,但是对于如何将思想政治教育与专业知识体系进行有机融合的问题考虑得不多。在专业知识的讲授过程中科学找到与思想政治教育的切入点,是课程思政工作的关键。为此,教师应加强自身对社会主义核心价值观的系统化学习,深入理解社会主义核心价值观的精髓,找到自己擅长的学科领域与思想政治教育的最佳结合点,与专业知识形成交叉互联,实现渗透式教学的效果。

最后,应加强教学内容的设计,健全制度保障和评价体系。一方面,要着力

推进对教学内容设计的考核评价体系建设。科学有效的考核评价体系是充分挖掘各门课程的思想政治教育资源、检验教书育人效果、提高教师育人质量的关键所在。在日常教学过程中,可以尝试通过观测学生的课堂表现、学生评教、现场展示、同行评价等多种手段,建立动态化、规范化、常态化的教学评价模式,加强教学过程的监督与管控,不断优化教学内容的组织与设计。另一方面,要着力推行优秀教案的激励政策体系建设。建立持续的发现、培养与跟踪机制,不断吸纳优秀教师典型、最受学生欢迎教师、思想政治教育相关学科专家等投入到不同课程践行课程思政的教案设计工作中,建立相对较为成熟的教案库,对优秀的教案予以表彰并进行大力宣传,逐渐实现教案建设工作的制度化。

第三节　课程思政的当代价值意蕴

一、课程思政的当代价值意蕴

课程思政是近年来在教育教学改革的实践当中,通过对思想政治理论课、综合素养课程和专业教育课程进行功能定位,推进思想政治理论课授课方式方法创新,在综合素养课程及专业课程中融入思想政治教育元素等一系列的改革措施,来进一步发挥课堂教学的主渠道作用,增强全课程育人功能的综合育人理念。

2014 年,上海市最早开始探索课程思政的建设,提出在高校所有课程中贯穿思想政治教育的重大育人理念和重要举措。2016 年 12 月,习近平总书记在全国高校思想政治工作会议上提出:"其他各门课都要守好一段渠、种好责任田,使各类课程与思想政治理论课同向同行,形成协同效应。"①2017 年 12 月,教育部颁

---

① 习近平,把思想政治工作贯穿教育教学全过程 开创我国高等教育事业发展新局面[N],《人民日报》,2016-12-09。

发了《高校思想政治工作质量提升工程实施纲要》,提出"大力推动以课程思政为目标的课堂教学改革""梳理各门专业课程所蕴含的思想政治教育元素和所承载的思想政治教育功能,融入课堂教学各环节,实现思想政治教育与知识体系教育的有机统一"。① 2018 年 9 月,《教育部关于加快建设高水平本科教育全面提高人才培养能力的意见》,明确将课程思政提升到中国特色高等教育制度层面来认识。2019 年 10 月,《教育部关于深化本科教育教学改革全面提高人才培养质量的意见》提出"要充分发掘各类课程和教学方式中蕴含的思想政治教育资源,建成一批课程思政示范高校,推出一批课程思政示范课程,选出一批课程思政优秀教师,建设一批课程思政教学研究示范中心,引领带动全员全过程全方位育人"②。2020 年 4 月,教育部等八部门印发了《关于加快构建高校思想政治工作体系的意见》,提出全面推进高校各专业学科课程思政建设。统筹课程思政与思政课程建设,构建全面覆盖、类型丰富、层次递进、相互支撑的课程体系。2020 年 5 月,教育部印发《高等学校课程思政建设指导纲要》,明确全面推进高校课程思政建设是落实立德树人根本任务的战略举措,要将价值塑造、知识传授和能力培养三者融为一体。

近年来,从课程思政的提出到全面推进课程思政建设,要建设高水平人才培养体系,就必须将思想政治工作体系贯通其中,我们要深刻认识到课程思政的时代价值。要确保思想政治教育不与时代相脱节,就要从内容、载体、方法、形式等方面进行创新。从思政课程到课程思政正是一种从显性灌输到隐性渗透的转变。课程思政是一种全新的育人理念与价值的培育和输出,不是一门或一系列课程,而是一种全新的课程观、一种新的思想政治工作理念,通过在专业课程中融入思想政治教育元素来到达育人的目的。其在统合思政课程与其他专业课程之间关系、形成协同育人效应方面,起到重要的统领作用,形成了育人的合力,解

---

① 高校思想政治工作质量提升工程实施纲要,中华人民共和国教育部,教党〔2017〕62 号,2017 - 12 - 05。

② 《教育部关于深化本科教育教学改革全面提高人才培养质量的意见》,中华人民共和国教育部,教高〔2019〕6 号,2019 年 10 月 8 日。

决了"只教书、不育人"的问题,将学科课程优势与思想政治教育融为一体,体现了中国特色社会主义大学的育人新模式,实现了专业课程与思政课程同向同行。

二、课程思政的特点与难点

(一)课程思政的特点

第一,"课程思政"的前提基础是做好言传身教,让教育者先受教育。早在2013年,中组部、中宣部、教育部就提出了以"学术研究无禁区、课堂讲授有纪律"作为高校教师的政治底线。2014年,习近平总书记提出了"有理想信念、有道德情操、有扎实学识、有仁爱之心"的"四有"好老师的标准。其中排在第一位的便是对理想信念的要求。"课程思政"建设,是高校教师对于"传道、授业、解惑"的追本溯源,是自古以来每名教育者的应循之本、应尽职责。教师既要精于"授业"和"解惑",更要以"传道"为责任和使命,时刻心系国家和民族,不忘所肩负的国家使命和社会责任。

第二,"课程思政"的实施效果是将文化自信融入学生思想。习近平总书记在全国教育大会上强调,要在坚定理想信念上下功夫,教育引导学生树立共产主义远大理想和中国特色社会主义共同理想,增强学生的中国特色社会主义道路自信、理论自信、制度自信、文化自信,立志肩负起民族复兴的时代重任。"四个自信"中的文化自信,从广义上而言是对道路自信、理论自信和制度自信的提升,是深化大学生对中国特色社会化主义道路、理论、制度理解的重要一环。而"课程思政"的实质,就是在潜移默化中传播先进文化,让大学生不断增强文化自信,并将文化自信融入自身的思想和行动,养成一种文化自觉。

第三,"课程思政"的实践方法是实现思想政治教育与引领的潜移默化。在"课程思政"的研究与实践中,由于对"课程思政"的含义与理念存在偏差,"课程思政"建设中出现了一些问题,主要表现为"一体化""显性化""标签化"和"功利化"。① "一体化"是指在进行"课程思政"规划与建设时,将课程思政理论课即

---

① 王学俭,石岩.新时代课程思政的内涵、特点、难点及应对策略[J].新疆师范大学学报:哲学社会科学版,2020,41(2):50-58.

"思政课程"也纳入其中,意图形成"课程思政"与"思政课程"的"一体化"。该研究在理论上说得通,也是一种教育理想,但理想毕竟不等于现实,这种做法在实践上是有害的。在客观上容易淡化、弱化课程思政理论课,也会降低课程思政理论课教师的责任心和使命感。该研究错误、片面地理解了习近平总书记提出的"要用好课堂教学这个主渠道"的指示。该指示是从德智体美作为一个育人整体而言的,其中课程思政理论课是大学生思想政治教育的主渠道,专业课、通识课是智育、体育、美育的主渠道,防止想当然地把所有课堂教学都当成大学生思想政治教育的主渠道,避免将各课程在大学生思想政治教育中的位置错置。"一体化"不等于"整体化"。我们常说整体推进高校课程建设,实现德智体美诸课程的统一,在整体化推进中,尤其是在发挥课堂教学主渠道过程中,"思政课程"是核心课程,是中国特色社会主义高校的特色和优势,对于其他课程具有重要的引领和示范作用,不能错置"思政课程"与"课程思政"的位置,更不能将两者混为一谈。

"显性化"是指明确地将专业课、通识课中的思想政治教育元素或资源梳理出来,在课堂上由专业课、通识课教师向学生讲解、宣讲。有的高校由思政课教师帮助专业课、通识课教师梳理有关思想政治教育的内容,使专业课、通识课上出"思政味",甚至"促使课程思政化",效果可想而知。这种做法倒置了课程设置的显性化与思想政治教育功能发挥的隐性化。在高校各学科专业课表中课程都是显性设置的,最终是以显性的方式还是以隐性的方式向学生呈现,则要"因事而化",课程思政理论课本身是显性的思想政治教育课程,一般以显性的方式进行;而专业课、通识课属于专业教育和知识教育,若是传递自身所承载的知识与理论,则以显性的方式进行,若是承担"课程思政"功能,则应该以隐性的方式进行。也就是说,"课程思政"应和"思政课程"有机结合,将显性的"思政课程"与隐性的"课程思政"影响结合起来,将"漫灌"与"滴灌"结合起来,使"课程思政"以"浸润"的方式确认、验证和支撑"思政课程"灌输的内容。

"标签化"是指将"课程思政"看成赶时髦,跟形势,一哄而上,试图"抢占先机"。继上海高校成功推出了"中国系列"课程之后,全国各地区高校纷纷标新立异打造自己的所谓"品牌"课程,使"课程思政"成了一个标签,导致其形式化、同质化。"课程思政"建设是一个系统工程,成功与否取决于很多条件,要以高质量的课程思政理论课为前提,以高素质的师资队伍为基础,要充分挖掘校本资源、地方资源、课程资源、人力资源,要经过细致深入的研究论证,设计适合本校的"课程思政"方案。有的高校课程思政理论课教学质量堪忧,师资队伍建设困难重重,课程体系建设任务艰巨,不致力于提高课程思政理论课教学质量,不致力于调动专业课、通识课教师教书育人意识,却热衷于另起炉灶,模仿、复制相关高校做法,在课程形式上玩花样,重形式、轻内容,教师授课水平低下,学生收获平平,造成大量人力、物力的浪费及流失。

"功利化"是指在对待"课程思政"这一新生事物时,不是以提高大学生思想政治教育实效为目的,而是功利化地对待,单纯以争名逐利为目的。所谓争名,就是一味扩大影响,有的学校在形式上模仿、移植了他人的做法,也"打造"了自己冠名以"××中国"的课程,却没有想着在内容上精雕细琢,从第一节课开始即拉来很多媒体"助阵",随后是铺天盖地的宣传、造势。当然,酒香也怕巷子深,对于新的探索进行适当宣传是必要的,有利于互相学习、取长补短,但从头到尾都有媒体参与就有炒作之嫌。所谓逐利,就是以追逐实实在在的利益为建设"课程思政"的唯一目的。有的高校非常重视"课程思政"建设,为保证其顺利进行,划出专项经费或设立专项教研课题,以起到激励和促进作用。有的教师本来对"课程思政"建设不感兴趣,却为获得专项经费或教研课题而参与"课程思政"实践;有的教师认为"课程思政"上下都很重视,是申报和获得省部级、国家级教学成果奖的好时机,于是一切探索都围绕着教学成果奖的要求进行,贴上"课程思政"探索标签,做尽表面文章,打造出来的课程往往流于形式,缺少灵魂。可以说,功利化是标签化的"孪生兄弟",争名是逐利的"孪生姐妹"。

(二)课程思政的难点

第一,增强"课程思政"内容融合的能力。任何一门学科的发展史,都是一部科学探索发现的历史,前人在追求真理的过程中不断探索、寻找规律、造福人类。每一门课程都不同程度地蕴含着丰富的"思政元素",如何将家国情怀、社会责任、道德规范、法治意识、思想品质、科学精神、创新能力、人文精神等要素融入课堂教学,需要注重教育路径设计,强化思政元素与日常教学内容之间的融合。落实立德树人的根本任务,培养德智体美劳全面发展的社会主义建设者和接班人,必须夯实"铸魂"工程,筑牢"信仰、价值与精神"之基,重点培养学生的政治认同和文化认同。政治认同体现在"对国家基本制度的认可,对社会发展道路的拥护,对国家方针政策的支持",文化认同体现在对中华优秀传统文化的自信与自觉。同时,要帮助学生运用马克思主义的立场观点和方法分析教学中的现实问题,回应学生在日常课堂教学中的现实需求,引导和培养学生正确的辩证思维、历史思维和实践思维,激发学生的认知认同,提升学生的思想政治素质和能力。

第二,创新"课程思政"方式方法的能力。思想政治教育要充分了解学生的内在需要和思想动态,贴近社会的客观实际和学生的思想实际,以此产生教与学双方的心理共振,才能达到学生良好的接受效果。把握学生需求,找准学术突破口创新教学载体,不单向灌输,不强加观点,从学生感兴趣的例子出发,坚持自然渗透的原则,让学生融入课堂,既紧扣当今时代发展又回应学生关切的问题,同时结合课程自身特点适时嵌入思政元素。课程思政教学改革不是简单地"贴标签",而是要遵循"盐溶于汤"的原则,重点在于把握好"度",把握其他各类课程在思政教育中的"隐性"特点,要选择学生乐于接受的话语方式。教育实践离不开教师的话语,创设平等和谐的教育氛围,充分调动学生的积极性、主动性与参与性,运用好恰当的话语方式等能令教师的思想观念、价值取向更易为学生所接受与信服,具有事半功倍的效果。推进"课程思政"最理想的境界是让教师在不知不觉中实施教育,学生在不知不觉中深受教育。

第三,要做到理想与实际的结合。思想教育所要影响的主要是学生的情感、价值观、认知模式和行为习惯等,关键在于与他们心灵的沟通,在于与他们生活经验和现实境遇的契合。"课程思政"建设过程中所讲的内容,不是马列经典原著选读课,不是思想政治教育课,而是深入挖掘所授学科所讲内容中有利于学生增强政治认同和文化自信的内容。把诸如产生背景、发展历史、出现意义、未来前景等,用贴近群众生活、贴近学生实际的话语、案例等形式讲解出来,让学生不必拥有较多的知识储备、不必进行复杂的论证推理就能够理解,让学生对于所讲述的内容,稍稍用心就可触可及。

消除"课程思政"会冲淡专业教学的思想顾虑和误解。有的教师担心专业课引入思政内容会冲淡专业学习,从而影响专业内容的进度。这种顾虑有一定道理,因为如果处理不好"思政"与专业的关系,不能将思政内容有机融合到专业课教学中,会出现生拉硬扯、"两张皮"现象,极有可能出现事与愿违、适得其反的后果。但如果处理得当,做到"基因式"融合,那么就会产生"思政"与"专业"相长的良好局面。"思政就像一把'盐',融进专业教育的'汤','汤'在变得更可口的同时,也能真正让学生获益,达到育人功效。"①

第四,要做到显性与隐性的结合。隐性教育是不同于思政课"显性教育"的模式,其中的"隐"就是通过"课程思政"开展的思想引领,目的是充分发挥课堂的主渠道作用,通过潜移默化的方式对学生开展思想引领。一方面,借助"课程思政",可以让学生在其他课程的学习当中,在潜移默化之中,印证思政课堂上所讲的内容,同样可以在思政课堂上找到一些专业课上"熟悉的内容",多了一些相互肯定,少了一些相互削弱,在加深学生印象的同时,更有利于这些理论"有印象""进头脑",相互补充、相互验证。另一方面,积极引导学生将知识探索、科技进步与国家发展、综合国力相结合,将科学实践、成绩取得与人生目标、价值实现相结合,实现"1+1>2"的效果。

第五,要做到国家与个人的结合。国家与个人的结合是所有课程应实现的目标之一。作为人格养成的重要环节,在立德树人的同时,引导学生认清个人成长与国家发展紧密依存,让学生明确什么是核心价值、党的主张的同时,也能感受到这些主张距离我们并不远,或者已经在潜移默化之中成了我们为人处世的原则,能够用生活中的所见所闻或者自己的行为举止来对我党的先进理论、观点进行解释,并能够以理解、践行、对照为自豪与荣耀,从而让思想引领工作更加生活化但不随意化,通俗化但不庸俗化,努力让学生在"时代强音"中寻找答案,用

① 樊丽萍,姜澎.必须破解思政课和专业课之间"两张皮"现象[N].文汇报,2018-01-17(1).

"中国话语"解释自己的思想。

第六,要做到智育与德育的结合。就教育的本质而言,立德树人是教育活动,不仅影响着大学生的人生观、价值观,也是引导大学生实现人生与社会价值的重要途径。我们的课堂教学,在实现"智育"的同时,应该挖掘专业课中的思政元素,将知识传授和价值引领有机结合,在知识传播中强调价值引领,将"德育"与"智育"有机融合在一起。不仅要教会学生如何应用专业知识,让学生拥有立足于激烈竞争的专业力量,更要做好立德树人,让学生拥有良好的品行,成为德才兼备、全面发展的综合性人才。[①]

第四节　新时代课程思政发展和建设的重大意义

习近平总书记在 2016 年全国高校思想政治工作会议上强调,要"把思想政治工作贯穿教育教学全过程"。除思想政治理论课外,其他各门课程也要加强思想引领,所有学科的教师都应发挥好育人的作用。践行课程思政的理念,贯彻落实习近平总书记重要讲话精神,既是提高思想政治理论课的教学效果、提升思想政治工作质量的重要保证,同时也是培养时代新人的内在需要。

一、有利于促进高校思想政治理论课的教学效果提升

"高校思想理论课是高校思想政治工作的主要阵地和重要渠道"[②],目前思想政治工作融入课堂教学主要还是首先体现在高校思想理论课中。但是在实践教学中,思想政治理论课的课堂教学效果却不甚理想,常出现理论枯燥、课堂出

---

①　王晶.新时代背景下课程思政育人模式的特点、难点及应对[J].湖北开放职业学院学报,2020,33(9):77 – 78.

②　顾海良.高校思想政治理论课"要坚持在改进中加强"[J].思想理论教育导刊,2017(1):4 – 8.

勤率低、抬头率不高等现象。对大学生进行思想政治教育,是以课堂教学形式为主导,传授政治知识、引导思想认知。这种形式是以"直线式"思维为基础,教学内容相对滞后,教学方法相对单一,吸引力不够。此时,课程思政理念的提出,对改进当前思想政治理论课的教学效果有直接促进作用。

(一)有助于在全体教师中尽快确立起"全过程、全员育人"的理念

课程思政理念的实施,一方面要求所有教师在课堂教学过程中,都要科学处理好知识传授和价值引领的关系。在加强思想政治教育的总体目标下,每门课之间要共享信息、加强关联,每门课的授课教师都要增强育人意识和育人责任,交流互动,形成人才培养的全面联动机制。另一方面,能有效改变极少数非思想政治理论课教师中可能存在的"思想政治理论课是跟风课"的错误观念,逐渐认识到马克思主义理论和马克思主义中国化最新成果的博大精深;能有效扭转极少数师生可能持有的"思想政治理论课无用论"的错误观点,逐渐认识到马克思主义的重大价值,自觉增强对学习马克思主义经典理论和习近平新时代中国特色社会主义思想的认同。

(二)有助于进一步有效挖掘各学科课程的思想政治教育资源

之前的情况是,主动开展思想政治教育的仅体现在部分课程中,更多时候是少数职能部门的"单打独斗"和少数老师的"自主摸索"。这无法满足现实生活中大学生的多元化需求,也不能适应新时代社会发展的复杂性、多变性趋势。通过实施课程思政,将更多的部门、所有老师都调动起来,对各学科、各课程中蕴含的思想政治教育资源进行深入挖掘,使大学生在学习知识过程中,提升自己的能力、完善自己的人格、培养自己的正确价值观,将个人成长与社会发展协同起来。

(三)有助于逐步形成合力育人的体制机制

通过实施课程思政,一方面,能推动各类课程教师逐渐形成齐抓共管、协同合作的育人合力,思想政治理论课教师将对学生的思想政治素质培养放在首位,综合素养课教师将培养学生的思想政治素质和综合素质结合起来,专业课教师把专业知识传授和价值观引领有机统一起来,形成优势互补的合力育人机制。另一方面,能推动学校各部门之间的通力合作,教务处在课程建设上统筹协调,

各教学系部在课程内容导向上把好关,学生处和团委在社会实践环节做好设计,财务处和后勤处等在综合资源保障上下功夫、服务保障部门积极做好全方位的配套支撑等,全校上下一盘棋、协作发力。

二、有利于高校思想政治工作质量的提高

相比传统的思想政治教育理念,课程思政在观念上有所突破,在载体上有所拓展,在内容的丰富和方法的创新等方面都有所提升。通过创新思想政治教育理念,主动转变思路,充分挖掘各类课程的思想政治教育资源,促进包括综合素养课、专业课在内的各类课程与思想政治教育有机融合,从而扩展思想政治教育的内涵与外延,实现全员育人、全过程育人的大思政局面,对于提升高校思想政治工作质量有着重要的意义。

(一)有助于推动线下思想政治工作与课堂育人形成育人合力

在传统的观念中,思想政治教育一般主要由线下的思想政治工作来承担。但课程思政的理念则认为,要发挥课堂的作用,加强课堂教学与思想政治教育的融合,强化通过课堂教学来增强育人的实效。

高校的重要使命是立德树人,不仅要实现知识探究、能力培养、人格养成,核心的任务在于价值引领,担负起引领大学生成长成才的使命。对大学生开展思想政治教育,并不是线下思想政治工作的"专利",也不只是思想政治理论课的"专利",而是所有老师、所有课程共同的使命。利用好课堂教学,也是对学生进行思想政治教育的重要途径。但课程思政并不是要求所有教师都在课堂上进行直接的道德灌输和说教,而是要从教学目标出发,深入挖掘各专业知识中的思想政治教育资源,加强对学生理想信念、道德价值等的科学引领。

教师在课堂教学中要注重理论与实践相结合,立足于中国特色社会主义建设的伟大实践,讲好中国故事,从每门课的知识点中挖掘思想政治教育资源,在课堂中做到育才与育德的统一,引领学生关心党的发展和国家建设、引领学生处理好个体成长与奉献社会的关系,为培养中国特色社会主义核心价值观提供理论基础,为践行中国特色社会主义核心价值观提供精神底色。学科专家、知名教

授,由于其本身具有较高的道德威望和学术权威,在学生群体和社会上具有较高的被认可度和被信任度,因此,他们在传授专业知识的过程中所传递出的家国情怀等正能量的内容,对大学生而言将更具有亲和力、感染力和渗透性。以课堂教学为载体,加强大学生思想政治教育,最大化发挥课堂主渠道功能,有助于与线下思想政治工作形成思想政治工作共同体,提升高校思想政治教育同质效力,发挥出全员育人的教育合力,能进一步提升高校思想政治工作质量。

(二)有助于实现思想政治教育由"阶段"育人向"全程"育人提升

高校的思想政治理论课主要集中开设在大一和大二阶段,部分教师惯性认为进行思想政治教育是思想政治理论课的责任,这就使得思想政治教育呈现出"阶段"育人的特征,很大程度上制约着高校思想政治工作的整体效果。2017年2月,中共中央、国务院印发了《关于加强和改进新形势下高校思想政治工作的意见》,提出"要加强课堂教学的建设管理,充分挖掘和运用各学科蕴含的思想政治教育资源","要坚持全员全过程全方位育人原则,把思想价值引领贯穿教育教学全过程和各环节"。① 高校在加强思想政治理论课建设的同时,还要发挥各门课程的育人功能,挖掘大一年级至大四年级每个阶段每门课程的育人作用,实现思想政治教育由"阶段"育人向"全程"育人提升。

课堂教学活动是大学的基本活动。如果思想政治教育工作都集中在前半段,那么当这些课程结束后,大学生的思想政治教育的课堂理论教学就会出现空白。由于思想政治工作是做人的思想工作,而人的思想又会呈现出主观性和复杂性的特点,不是一个阶段和一个时期的集中教育就可以完成任务的,需要思想政治工作者持之以恒、久久为功的努力,需要将思想政治工作贯穿在大学生学习成长的整个阶段,才能实现"全程"育人的目标。因此,提升大学生思想政治工作的成效就必须超越"阶段"目标,树立"全过程"育人的理念。课程思政正是这一理念的集中体现,帮助思想政治工作实现由"阶段"育人向"全程"育人提升。

---

① 习近平.把思想政治工作贯穿教育教学全过程,开创我国高等教育事业发展新局面[N].人民日报,2016-12-09(1).

大学课程教学活动贯穿大学的始终,课堂教学又是育人的主渠道。各门课程在传授知识的同时,做到价值引领和知识传授的统一,在传授知识的同时,隐性开展思想政治教育,传播社会主义核心价值观。这样既不会引起学生的反感,又能实现全过程的育人目标。高校老师应坚持"种好责任田""守好一段渠",在课程教学中贯穿思想政治教育,这对于实现"全过程"育人的思想政治工作有着重要意义。

三、培养时代新人的内在需要

习近平总书记在全国高校思想政治工作会议上指出:"做好高校思想政治工作,要用好课堂教学这个主渠道,思想政治理论课要坚持在改进中加强,提升思想政治教育亲和力和针对性,满足学生成长发展需求和期待,其他各门课都要守好一段渠、种好责任田,使各类课程与思想政治理论课同向同行,形成协同效应。"①这突破了过去将思想政治教育局限于思想政治理论课的观点,更成为新时期高校推动课程思政、发挥课堂育人主渠道作用的根本指导。充分理解课程思政,用好课堂教学主渠道,对于高校坚持社会主义办学方向、确保育人工作贯穿教育教学全过程、实现立德树人的根本任务有着重要的实践意义。

(一)能确保高校始终坚持社会主义办学方向

中国特色社会主义高校的根本性问题在于培养什么样的人、为谁培养人以及如何培养人。这一根本性的问题,直接决定着中国特色社会主义高校的办学方向。改革开放以来,中国共产党始终坚持中国特色社会主义方向,选择了一条从中国国情出发,又顺应世界发展潮流的中国特色社会主义发展道路,取得了前所未有的发展成就,为实现中华民族伟大复兴的中国梦奠定了坚实的物质基础。但是,中华民族的伟大复兴不是一朝一夕就能实现的,而是需要经历一个长期的过程,需要一代又一代人为之不懈奋斗。其中,高校无疑肩负着重大的责任,要始终把培养一代又一代的中国特色社会主义事业的合格建设者和可靠接班人作

---

① 习近平.把思想政治工作贯穿教育教学全过程,开创我国高等教育事业发展新局面[N].人民日报,2016-12-09(1).

为初心和使命。

围绕这一初心和使命,高校的发展方向就需要始终同中国特色社会主义建设的现实目标和未来方向保持一致,努力做到为人民服务,教民之所需,育民之所求;要始终坚持为中国共产党治国理政服务,确保党对高校的绝对领导,确立马克思主义在高校意识形态领域的主导地位;要始终坚持为巩固和发展中国特色社会主义制度服务,坚定道路自信、理论自信、制度自信和文化自信;要始终坚持为改革开放和社会主义现代化建设服务,培养中国特色社会主义合格建设者和可靠接班人。而要做到始终坚持社会主义的办学方向,高校就必须要进一步加强思想政治教育。践行课程思政的理念,让所有的老师、所有的课程、所有的环节都承担起"培养什么样的人、为谁培养人、如何培养人"的历史使命,就能更好地明确中国特色社会主义的办学方向,坚持社会主义大学的育人导向,把立德树人根本任务落到实处,确保社会主义大学人才培养目标的顺利实现。

(二)能确保育人工作贯穿教育教学全过程

一直以来,我国的教育事业都十分重视育人工作,把育人作为教育教学的重要功能。知识传授是育人的重要基础,课堂教学是育人的主渠道,学用结合是育人的重要目标。"建国君民,教学为先",中国教育的最大传统就是知行合一,朱熹讲"知是行之始,行乃知之成",王阳明进一步提出了"行是知之始,知乃行之成"的主张,"博学之、审问之、慎思之、明辨之",最终的目的是"笃行之",能否笃行是检验是否是真知的标准。

课堂教学是大学教学的基本途径,也是联系师生的重要纽带,更是生发教育意义的场所。课堂教学的重要性不言而喻,不仅是讲授专业知识的主渠道,也是开展思想政治教学的主渠道。在传授专业学识的同时,教师自身的修养和人格对学生也产生着潜移默化的影响。"学高为师、身正为范",教师的教育教学过程也承担着思想政治教育的功能。在课堂教学过程中,通过加强马克思主义理论研究和建设工作,创新教学方式方法,增强思想政治理论课亲和力、说服力和感染力,实现对学生的育人引导;在通识教育中融入德育,润物无声地传达价值追求与理想信念;在专业课教学中,通过挖掘专业课中蕴含的思政资源,以专业知识为载体,通过教师的言传身教,实现对学生思想的引领。践行课程思政的理念,将思想政治教育贯穿高校教育教学的全过程、全环节,能更好地提高育人工作质量,让新一代接受马克思主义理论武装起来的青年大学生真正成为建设和发展中国特色社会主义事业的栋梁之材。

（三）能确保实现立德树人的根本任务

人才培养是学校的根本任务,立德树人是学校的根本使命。当前,高校办学面临着复杂多变的国际国内环境,教育对象的个性十分鲜明、思想活跃,经受着各类思想观念交锋和多元思想文化碰撞的挑战。这给当今我国高校发展带来机遇的同时,也带来了较大冲击和挑战。大学生的思想容易受到外界的影响,他们除了在学校中接受主流思想和社会主义核心价值观教育外,还会受到社会各类非主流舆论和其他价值观的影响。高校教师不仅要注重对学生知识和能力的培养,更要做好对学生思想引领和价值观的塑造工作。

新时期,高校教师的责任和使命不在于简单地向学生传授知识,还要解答学生在成长过程中遇到的疑惑,加强对学生的正向引导,将学生培养成合格的社会主义建设者和接班人。践行课程思政的理念,明确要求教师在教学、科研、管理和服务工作中,既要服务于学科专业的发展,更要承载着对学生的精神塑造。高校要进一步加强对课程思政的宣传,引导全体教师在教育教学工作中自觉践行社会主义核心价值观,以社会主义核心价值观引领学生的价值成长和价值建构,澄清借助网络迅猛传播的各种错误思潮、消除它们对学生成长带来的负面影响,帮助学生们扣好"人生的第一粒扣子",确保立德树人根本任务的实现。

第三章 "三全育人"背景下
高校课程思政建设的必要性与基本要求

第一节
"三全育人"背景下高校课程思政建设的必要性

我国高等院校是为国家输送高质量人才的主阵地,培养的人不仅要具备扎实、过硬的才能,还要具备为国家、社会及个人服务的品德。德才兼备是我国高等院校人才培养的目标。课堂是将大学生塑造成德才兼备个体的主渠道,从这一意义上来说,高等院校的所有课程都应积极承担这一任务。但是,很长一段时间以来,"隐性课程"育人功能弱化、"思政课程"育人效果不佳、其他各类课程与"思政课程"背道而驰等阻碍了我国高等院校立德树人根本任务的有效贯彻落实。因此,现阶段我国高等院校必须进行"课程思政"建设。

一、课程思政是"隐性课程"育人功能发挥的必要手段

一直以来,我国高等院校思想政治理论课程独自承担着大学生价值观教育工作,经过长期的摸索和实践,其效果难以令人满意。育人是课程的固有功能,我国高等院校的各门各类课程都具有育人功能,只不过在教育教学实践中被忽

视了而已。我国高等院校"课程思政"的建设过程就是对除思想政治理论课程之外的课程育人功能的解蔽过程,就是要激发"隐性课程"的育人功能,在这里,"隐性课程"就是指专业课程,使之与思想政治理论课程这一显性课程共同承担起价值观教育的任务。因此,专业课教师要勘探专业课程的育人元素,铸牢自身的政治信仰,将思政工作贯穿育人全过程。

(一)挖掘专业课程育人元素的需要

社会成员经由高等院校这座"桥梁",接受高等教育的过程是实现社会化,进而成长为合格公民的过程。我国高等院校如果片面地要求大学生学习专业知识、练就专业技能,而不引导大学生如何学会生活、学会做事,学会生存,就很难塑造他们的责任意识、使命意识和权利义务意识,就会拉低教育的境界,使大学生缺乏理想和追求。在我国传统的教育理念中,"传道"与"授业""解惑"是目的与手段的关系,而长期以来,这种传统似乎被弱化和遗忘了。尤其是专业课程,专业课教师多数情况下都是以"授业"和"解惑"为目的,而只把"传道"说在嘴上,写到纸上,挂在墙上,成为"泥塑之身",成了"空心萝卜"。新时代对于高等院校立德树人工作提出了新诉求,我国高等院校逐渐意识到应该在"授业"和"解惑"中悄无声息地"传道",实现教书与育人的统一。

当今世界的思想政治斗争并未随着经济全球化而有所减弱,反而呈现逐渐强化趋势,随着我国国力不断增强,世界影响力不断提高,一些对马克思主义存在偏见的国家对我国疯狂地进行思想文化渗透,对正处于"拔节孕穗期"的大学生造成了严重的负面影响。课程是传递国家意志、内含教育目标、彰显教育内容的载体,是学校教育教学活动的基本依据。专业课程育人元素的勘探是"隐性课程"发挥育人功能的基础。课程是新时代大学生接受价值观教育的主要载体。赫尔巴特曾说过,缺乏品德教育的教学,是没有目的手段;缺乏教学的品德教育,就丧失了手段和目的。任何一门课程都包含知识、方法与价值三个维度,一是本学科的基础知识和基本概念体系;二是基础知识和基本概念体系背后蕴藏的思维方式与行为模式;三是该思维方式与行为模式背后潜隐的情感、态度与价值观。三种维度是相互联系、相互贯通、相互渗透的,有机地构成一个整体。任何一个维度目标的实现都是在整体目标的相互联系中实现的。所以,每门专业课程同思想政治理论课一样,具有丰富的思想政治教育资源,只不过前者是内隐的,后者是明显的。仅靠思想政治理论课程对大学生进行价值观教育是远远不够的,专业课程在吸引学生、感染学生、引起学生共鸣方面比思想政治理论课更具优势。专业课程的"课程思政"元素蕴含着"启迪人们智慧、激发爱国热情、拥有社会正义感、负有社会责任感、具有文化自信、充满人文精神等价值范式的思政元素"①,所以,勘探专业课程的育人元素,使专业课程的育人功能得到最大限度地发挥是我国高等院校"课程思政"建设的应有之义。

(二)铸牢专业课教师政治信仰的需要

与思想政治理论课教师相比,专业课教师与大学生接触的时间比较长,专业课教师是否具备坚定的政治信仰在很大程度上影响着大学生的情感、态度和价值观。在《伦理学大辞典》中,"信仰"一词被界定为从内心深处对某种理论、思想、学说的尊奉,并以此作为自己行动的指南。在这里,铸牢专业课教师的政治信仰就是要求专业课教师明确"为谁培养人"的问题,从内心深处树立对马克思主义的信仰。马克思主义不仅是一种科学理论,而且对于"以马克思主义为指导的共产党来说,对马克思主义者和一切反对资本主义制度的革命者来说,马克思主义学说可以成为一种信仰"②。我国在意识形态领域始终坚持以马克思主义为指导,并将坚持马克思主义在意识形态领域指导地位作为一项根本制度,不只是因为马克思主义是以事实为依据、以规律为对象、以实践为检验标准的科学学说,更是因为马克思主义彰显了党和国家的行为准则、理想追求和价值目标。"马克思主义的科学性是信仰坚定性的理论基础:而信仰坚定性是马克思主义学说科学性的内化,化为内心的坚定的信念和情感。"③

专业课教师是大学生的一面镜子,他们对于马克思主义的信仰程度直接影

---

① 杨守金,夏家春."课程思政"建设的几个关键问题[J].思想政治教育研究,2019(5).

② 陈先达.理论自信:做坚定的马克思主义信仰者[M].长春:吉林人民出版社,2016:3.

③ 陈先达.理论自信:做坚定的马克思主义信仰者[M].长春:吉林人民出版社,2016:3.

响大学生对于马克思主义科学价值观的认同程度。在我国高等院校"课程思政"建设中,专业课教师能否将科学的价值观寓于知识传授与能力培养之中,在很大程度上取决于自身是否坚定马克思主义信仰。专业课教师坚定马克思主义信仰,有利于夯实自身的教育引领力。作为一种教育理念,"课程思政"要求专业课教师对大学生所进行的知识教育和一般意义上的知识教育是有差别的,前者比后者增加了价值观教育的维度。马克思主义价值观是科学的价值观,树立马克思主义价值观是大学生思想政治教育工作的核心和灵魂。从一般意义上看,知识教育的主要任务是使受教育者具备一定的知识技能和形成一定的知识构建体系。而"课程思政"的主要任务在于在知识传授与能力培养中渗透价值观教育,这就对专业课教师提出了极高的要求。坚定马克思主义信仰不是世界观、人生观、价值观的简单叠加,而是要在内心中构建一种终极价值理念。课堂是专业课教师发挥作用的主要载体,专业课教师必须将马克思主义信仰融入自身的"血液"里,将马克思主义信仰作为自身崇高的价值追求。长期以来,思想政治理论课教师承担着引导大学生树立科学价值观的任务,思想政治理论课是实现这一任务的主渠道,思想政治理论课教师需要坚定马克思主义信仰是毋庸置疑的。实践证明,只要求思想政治理论课教师坚定马克思主义信仰,只依靠思想政治理论课对大学生进行价值观引导是远远不够的,专业课教师也要将马克思主义信仰作为一生的崇高追求。在寓价值观引导于知识传授和能力培养的过程中,专业课教师是实施主体,占据主导地位。专业课教师的马克思主义信仰是否坚定直接关系到马克思主义科学价值观能否有效地渗透到课堂教学过程中。所以,铸牢专业课教师的马克思主义信仰,有利于促进其将马克思主义信仰作为毕生的价值追求,在课堂教学中彰显自身的主导性,有效地将知识背后的育人元素挖掘出来,夯实自身的引领力,真正实现"让有信仰的人讲信仰"[①]是专业课程发挥育人功能的关键所在。

---

① 习近平.用新时代中国特色社会主义思想铸魂育人 贯彻党的教育方针落实立德树人根本任务[N].人民日报,2019-3-19.

（三）将思政工作贯穿育人全过程的内在需要

思想政治工作是党和国家一切工作的生命线，在全国高校思想政治工作会议上，习近平总书记指出："要坚持把立德树人作为中心环节，把思想政治工作贯穿教育教学全过程。"①我国高等院校思想政治工作不能停留在表面，不能停留在一段时期，也不能体现在某一环节中，而是将思政工作渗透到育人全过程中。全过程育人的实质在于将思想政治教育潜移默化地渗透到教育教学全过程之中。"教育教学全过程"就是在立德树人过程中，高等院校围绕育人这一中心任务，坚持知识逻辑与价值逻辑并驾齐驱，在遵循教育教学规律和学生成长成才规律的基础上，充分发挥课堂教学和其他教育实践活动的育人功能，从而保证思政工作在时间上的不间断性和过程上的可持续性。如何将思政工作贯穿到教育教学全过程，需要结合好如何衔接的问题。"思想政治工作和教育教学虽然都具有育人功能，而且都致力于为国家培养输送建设者和接班人，但是二者毕竟在运行逻辑和管理方式上不尽相同。"②就思想政治工作而言，它的任务在于将社会价值理念转化为个体的思想观念和行为准则，对于社会价值秩序的再生产产生维护和推动作用，是一种"规范性逻辑"；就高等院校教育教学而言，它在落实教书育人、科研育人等要求的基础上还有一定的自主空间，具有明显的专门性，主要遵循"知识性逻辑"。将思政工作贯穿教育教学全过程，就必须解决好"规范性逻辑"与"知识性逻辑"的关系问题，即如何勘探不同学科蕴含的思政元素，怎样实现二者有机衔接的问题。

二、课程思政是提升思政课程教学效果的需要

教育效果问题一直是课程教学的永恒主题。思想政治理论课程，简称"思政课程"，是对大学生进行价值观教育的主导性渠道。就目前来看，"思政课程"的教育理念滞后、教育方法单一以及教育实践不足等缺陷在很大程度上弱化了"思

---

① 习近平.把思想政治工作贯穿教育教学全过程 开创我国高等教育事业发展新局面[N].人民日报,2016 - 12 - 09.

② 杨晓慧.高等教育"三全育人":理论意蕴、现实难题与实践路径[J].中国高等教育,2018(18).

政课程"的教育效果。我国高等院校"课程思政"改革的提出能够有效弥补弱化"思政课程"教育效果的不足,与"思政课程"一道,"形成具备正确价值领航功能的课程体系"①,进而提升大学生价值观教育的整体效应。

（一）课程思政有助于教学理念的更新

教育理念是"教师在长期教育实践活动中,经过亲身体验和理性思考形成的关于教育本质、规律及其价值的根本性判断和观点"②。教育理念有别于教育观念,前者属于"价值"范畴,强调个体的体验和思考,后者属于"事实"范畴;教育理念有别于教育思想,前者是后者的形成基础,是对后者的高度概括;教育理念不同于教育信念,所有的教育理念都可以称为教育信念,但并不是所有的教育信念都可以称为教育理念,比如一些盲目接受和顺从的教育信念就不能称得上是教育理念,因为这种教育信念没有经过体验和思考。

教师是人类最古老的职业之一,他受社会的委托对学生进行专门教育。向学生传递人类传承下来的科学文化知识和进行思想品德教育是每一位教师的神圣使命。从社会视角来看,教师是人类科学文化知识的继承者和传递者;从学生视角来看,教师是学生智力的开发者和个性的塑造者。课堂教学是大学生接受价值观教育的主渠道,一直以来,大学生的价值观教育工作由思想政治理论课教师来完成,出于增强价值观教育效果的目的,思想政治理论课教师做出了很多努力和尝试,但效果不尽如人意。直到 2014 年,上海市挑选出一部分高校进行试点试验,推出了"大国方略"等一批中国系列课程,思想政治理论课教师才逐渐意识到单兵作战的教育理念不能迎合新时代大学生思想政治教育的诉求,仅靠自身对大学生进行价值观教育是远远不够的,专业课教师也要承担育人的职责,教育理念的滞后是价值观教育效果不佳的重要原因。高等院校的育人工作是一项工程,专业课教师要加入育人队伍中,充分发挥自身的育人作用,只有与思想政治理论课教师协调发展、通力合作,才能实现育人效果的最优化。2016 年 11 月

---

① 杨晓慧. 高等教育"三全育人":理论意蕴、现实难题与实践路径[J]. 中国高等教育,2018(18).
② 王作亮,张典兵. 教育学原理[M]. 徐州:中国矿业大学出版社,2015:113.

19日,在上海市社会科学界第十四届学术年会思想政治教育专场上,专家提出了"课程思政"的教育理念和设计,成为转变思想政治理论课教师单兵作战局面的有力举措。"课程思政"旨在将价值观引导渗透到各类课程中,利用课堂这一载体实现育人功能,达到专业知识教育与价值观教育的内在统一。"课程思政"这一教育理念的提出丰富了大学生思想政治教育的内涵和外延。专业课教师是否有效地组织和实施教育教学实践,直接关系到"课程思政"建设与改革的成败。自"课程思政"提出后,专业课教师逐渐意识到"教书"与"育人"的本质内涵,在对新时代大学生开展教育教学活动时,积极开发自己所在学科、专业以及课程蕴含的思想政治教育元素,"以自己的言行感染学生"①,从而引导他们在掌握专业知识和技能的同时,意识到坚定政治立场与提升道德修养的重要性。专业课教师将发挥专业课程的育人功能作为一项基本要求,积极寻求本专业知识与思想政治教育元素的契合点,将育人元素渗透到专业知识中去,引导新时代大学生在知、情、意、信、行等方面做出正确的判断与选择,为高等院校实现立德树人根本任务增添了新力量。

(二)课程思政有助于完善教学方法

"方法是人们为了认识世界和改造世界,达到一定目的所采取的活动方式、程序和手段的总和。"②教育方法就是教育者为达到一定的目的,在教育教学活动中所采取的各种方式和手段的总和。它虽然不是教育教学活动的实体要素,但离不开教育教学活动,总要与教育教学活动联系在一起,如果离开了教育教学实践活动,教育方法就丧失了存在的基础和价值。教育方法是人们在长期教育实践活动中形成的关于教育活动的准则,其本质是人们对教育教学规律的科学把握和自觉运用。首先,作为教育教学活动的准则,教育方法是教育教学活动的中介因素。教育目的的实现离不开方法的运用,教育方法是在教育活动中将教育

---

① 龚志宏.关于新形势下高校一体化育人队伍素质培养的思考[J].学校党建与思想教育,2013(11).

② 陈万柏,张耀灿.思想政治教育学原理(第三版)[M].北京:高等教育出版社,2015:219.

者与受教育者联系起来的桥梁,是教育目的实现的手段和工具。其次,教育方法是为教育目的和教育任务服务的。在教育教学活动中,运用何种教育方法,是由教育目的和教育任务决定的,教育方法随教育目的和教育任务的变换而发生改变。新时代下,面对新情况和新任务,我们强调教育方法的创新,其原因就在于此。最后,教育方法与教育理论不可分割。无论是教育实践经验上升为理论,还是教育理论指导、运用于教育实践,都离不开一定的教育方法。

一般情况下,思想政治理论课程的教育方法以直接灌输为主,不仅直接地对大学生进行马克思主义理论与思想政治教育,而且公开、透明地对大学生进行价值观引导。归根到底,思想政治理论课的理论性特点决定了其必须采取直接灌输的教育方法。"抽象的理论只有通过思想政治理论课教师深入浅出地讲解,才能够让学生在应有的层次上准确地理解和运用。"①我国高等院校"课程思政"建设要求专业课教师潜移默化地将价值观引导寓于所授课程中,实现价值观教育与知识传授和能力培养有机结合,这可以看作一种间接的教育方法。这种间接教育方法的最大特点是内隐性,将价值观教育藏在知识传授和能力培养背后,使学生在学习知识的同时无形地受到价值观的熏陶和洗礼,能有效地弥补思想政治理论课程直接灌输法的不足。

(三)课程思政是增强教育实践性的需要

实践的观点是马克思主义认识论的基础。人类之所以能够存在和进行,根本原因在于实践,实践也是人类实现自我教育的基本途径。大学生是我国宝贵的人才资源,社会实践是使新时代大学生"成才"与"成人"的必经之路。社会实践能够促进大学生对所学专业知识的理解,意识到学习知识的目的在于服务社会,进而增强自身的社会责任感。社会实践是对课堂教育的有益补充和延伸,是高等教育必不可少的一部分。"作为课堂专业理论教育的进一步延伸和素质教育的重要载体"②,大学生实践教学活动对于提升大学生的思想道德素质和科学

---

① 张雷声.新时代思想政治理论课教学方法探讨[M].北京:高等教育出版社,2006:47.
② 张子睿,卢彤.思想政治教育实践育人理论与对策研究[M].北京:经济日报出版社,2019:1.

文化素质具有重要作用。所以,实践育人应成为高等院校育人工作的新形式。

思想政治理论课是大学生思想政治教育的主渠道,理论教育是其重要特点。理论教育就是思想政治理论课教师在思想政治理论课中有计划、有目的地对大学生进行马克思主义与思想理论教育,引导大学生逐步树立正确的世界观、人生观、价值观。思想政治理论课教师在对大学生进行理论教育时,必须与实际联系起来。理论能否发挥出自身应有的作用,关键要看其是否与人们的社会生活实际与思想实际相联系:既要与社会生活实际相联,引导大学生用马克思主义立场、观点和方法看待问题、剖析问题和解决问题,还要与大学生的思想实际相联,做到有的放矢。

三、推进课程思政和思政课程同向同行的需要

课程在大学生思想政治教育中一直发挥着重要作用,很长一段时间以来,思想政治理论课程承担着育人职责,从产生的实际效果来看,也存在着明显不足。新时代下,中国高等院校"课程思政"建设能够有效地弥补仅依靠思想政治理论课进行育人工作的不足,推进了与"思政课程"在落实高等院校立德树人根本任务、促进知识传授与价值引领相结合、推动新时代大学生全面健康发展等方面的同频共振。

(一)促进高校落实立德树人根本任务的需要

俗话说,人无德不立。道德之于个人乃至社会的发展具有重要意义。崇德修身是做人做事的首要原则。立德树人,德是首位,每个个体只有明大德、守公德、严私德,自身的才华才能用得其所。从 2006 年开始,在我党领导人的讲话中便出现了"立德树人"一词,并将其作为教育的根本任务。党的十八大以后,习近平总书记提出,立德树人对高等教育的发展具有重要意义。2016 年,在全国思想政治教育工作会议上,习近平总书记对立德树人的重要性进行了拓展和深化,将立德树人作为中心环节和高校立身之本。这一提法对立德树人进行了新时代的新定位,开辟了我国高等教育尤其是高等院校大学生思想政治教育工作的新境界。

在我国,高等院校承担着如何将我国从人口大国转化为人才强国的重任,新时代下,为中国特色社会主义建设培养源源不断的人才是我国高等院校的主要目标,而这一目标能否顺利实现在很大程度上取决于立德树人工作的成效。立德树人是高等院校立身之本,与以往相比,当前我国高等院校的办学环境、教育对象发生了深刻的变化,既面临发展机遇,也面临严峻挑战。新时代下,多种思想、价值观念竞相迸发,各种社会思潮激烈交锋,这一社会现象在很大程度上对新时代大学生的思想与行为产生了影响。易变性和可塑性是新时代大学生思想呈现的两大特点,学生不仅在校内接受马克思主义意识形态和社会主流价值观的教育,还易受到一些非主流社会舆论和其他价值观念的熏陶,高等院校的立德树人工作面临严峻挑战。

长期以来,由于学科定位和课程特点,我国高等院校的"思政课程"秉持知性教育与德性教育相统一的理念,成为立德树人的关键课程。经时间检验,这种"单兵作战"的模式暴露出明显不足,"思政课程"需要其他课程的增援,其他各类课程只有在落实高等院校立德树人根本上与"思政课程"同频共振,才能提升立德树人的实效。

(二)保证知识传授与价值引领相结合的需要

一直以来,在我国高等院校内部,专业课教学偏重知识传授,而忽视了价值引领,从而造成了"教书"与"育人"的分离。向学生传递人类传承下来的科学文化知识和价值观教育是每一位教师的神圣使命。苏联著名教育家苏霍姆林斯基极力反对将知识教成毫无温度的真理。如果教师交给学生的知识没有温度,只是将其植入学生的大脑中,没有使学生在内心深处产生深刻的感悟,那么就没有实现知识的真正价值。对于我国高等院校的"课程思政"建设而言,教师是主力军,除了思想政治理论课教师之外的专业课教师也要将对大学生进行知识传授和价值引领作为自身的必要职责和崇高使命,将塑造德才兼备的健全人才作为职业导向,从而促进知识传授与价值引领同步驱动。

"课程思政"提出后,专业课教师逐渐意识到"教书"与"育人"的本质内涵,在对新时代大学生开展教育教学活动时,积极开发自己所在学科、专业以及课程蕴含的思想政治教育元素,从而引导他们在掌握专业知识和技能的同时,意识到树立正确价值观的重要性。专业课教师将发挥专业课程的育人功能作为一项基本要求,积极寻求本专业知识与思想政治教育元素的契合点,将思想政治教育元素渗透到专业知识中去,"以自己的言行感染学生"①,引导新时代大学生在知、情、意、信、行等方面做出正确的判断与选择,促进专业课程与"思政课程"在知识传授与价值引领上的同步驱动。

(三)带动新时代大学生全面健康发展的需要

自党的十八大以后,我国开始进入新时代。新时代下,我国经济社会发生了质的转变,迎来了从站起来、富起来到强起来的飞跃,这表明科学社会主义在21世纪的中国彰显出强大的生命力和号召力,意味着"为解决人类问题进一步贡献了中国智慧、提供了中国方案"②。同时,新时代大学生也面临着新的时代使命,即为决胜全面建成小康社会、全面建成社会主义现代化强国助力青春力量。大学生的全面健康发展是实现这一时代使命的基础和条件。全面健康发展的内容是多维立体的,包括才能、志趣及道德品质等多方面的发展,而这一目标的实现需要专业课教师来发挥纽带作用。专业课教师这一纽带作用的发挥离不开自身所授的课程。一直以来,我国高等院校专业课教学中存在一种现象,即"知"与"德"相分离。也就是说,专业课教师在课堂中只是向大学生传授了专业知识,而没有让大学生掌握知识背后所蕴含的价值,从而弱化了"思政课程"的育人效果。习近平总书记十分重视人才培养工作,他所述的"人才辩证法"蕴含着深刻的"知"与"德"的辩证关系。"知"的目的在于促进"德"的认识,为"德"的养成服务,因为"德"是真知。"德"的内涵是丰富而深刻的,将"德"理解为品行和道德是远远不够的,我国高等院校"课程思政"建设就是要使专业课教师摒弃这种错误认识,从更广阔的领域认识"德"。所以,出于推动新时代大学生全面健康发展

---

① 龚志宏.关于新形势下高校一体化育人队伍素质培养的思考[J].学校党建与思想教育,2013(11).

② 龚志宏.关于新形势下高校一体化育人队伍素质培养的思考[J].学校党建与思想教育,2013(11).

的目的,中国高等院校"课程思政"建设要求每位专业课教师意识到通过课程向大学生传授专业知识的目的,深刻掌握"人才培养辩证法"的价值旨归,坚持知识逻辑与价值逻辑并驾齐驱,厘清"德"与"知"的辩证关系,围绕育人这一中心任务,使各门各类课程与"思政课程"同频共振,在遵循教育教学规律和学生成长成才规律的基础上,打破思政教育与专业教育"两张皮"的壁垒,与"思政课程"共同成为推动新时代大学生全面健康发展的有力抓手。

第二节　"三全育人"背景下
高校课程思政建设的基本要求

高校"课程思政"建设主要是指把思想政治教育元素融入专业课和通识课中,高校所有课程都与思政课程齐头并进,所有老师都履行育人职责,落实好立德树人根本教育任务。总结当前高校"课程思政"建设的实践经验,以及学者的理论研究,对"课程思政"的具体原则进行了总结,分别为立德树人原则、整体设计原则、隐形渗透原则。从"课程思政"的实施中归纳总结建设原则,同时总结的原则要落实到高校"课程思政"建设中,指导高校的"课程思政"建设。

一、立德树人原则

立德树人是高校教育的根本任务,育德是高校教师的首要职责,树德是对高校大学生的基本要求。立德树人是国家对高校"培养什么样的人"的问题做出的回答,这就表示所有课程、教学活动都要蕴含德育元素,重视大学生德育问题。"课程思政"建设的首要原则就是坚持"立德树人"。首先,"课程思政"坚持立德树人原则有助于保证高校课程建设的方向性。"课程思政"建设中要求的立德,立的是中华民族优秀传统美德与中国特色社会主义道德,包括坚定共产主义信念之德、筑牢中国特色社会主义共同理想之德,遵守社会公德、坚守职业道德,提升个人品德。"课程思政"建设坚持立德树人原则,一是在课程设计过程中有助于教育者对中华民族优秀传统美德的进一步了解和学习,提升教育主体的思政素养,保证课程实施中坚持正确的政治方向性;二是可以提升教育者的道德观念和思政素养,对今后的社交、从事工作和与人交互产生一定方向性的指引作用。其次,"课程思政"坚持立德树人原则有助于高校思想政治工作的落实。《关于进一步加强和改进大学生思想政治教育的意见》指出:"要把大学生思想政治教育摆在学校各项工作的首位,贯穿于教育教学的全过程。"①全过程的言外之意就是全课程,所有课程都蕴含道德观念、思政意识的元素,以实现潜移默化、润物细无声的影响。所有课程都与思政课程同向同行,共同发力,对高校落实立德树人根本任务,提升思想政治教育实效性有着重要作用。坚持立德树人原则要摆正德育的地位,德育与专业学习是相互促进、相互影响的,专业课中融入德育内容有助于大学生在专注且无意识的情况下完成德育的培养,提升德育素养。同理,大学生道德素养的提升有助于其在专业方面的刻苦钻研、遵守专业操守。因此,"课程思政"坚持立德树人原则是为实现课程价值引领和知识传授的统一。

二、整体设计原则

整体设计原则是指"课程思政"建设是一个全员参与、全程育人、全方位覆盖的过程。"课程思政"依托的基础是课程,关键因素是教师。因此,"课程思政"建设想要取得良好的效果,课程设计要坚持整体性,各门课程突出协同性,不断促进思想政治教育与知识传授系统化。首先,建立全员参与的育人体系。全员参与就意味着高校党委领导行政育人,高校后勤工作人员服务育人,辅导员在日常生活中充分关注每一位同学的思想状态并引导同学积极向上。其次,构建一体化思想政治教育体系。"课程思政"建设涉及专业课和通识课,贯穿课程教学的全过程,由于课程与课程之间的性质不一样,所以容易出现各自为政的现象,"课程思政"的建设为各课程之间建立了一个相通的联系,使各类课程都与思想

---

① 中共中央、国务院.关于进一步加强和改进大学生思想政治教育的意见[N].光明日报,2004 - 10 - 15(1).

政治理论课在育人目标和育人方向上保持一致。通过整体设计,挖掘各学科的思政素材,进行有效整合,加强了学科之间的交流,发挥整体效应,形成"三课一体化"的思想政治教育整体化设计。最后,"课程思政"的整体设计原则还包括全方位的育人覆盖。一是"课程思政"建设是德智体美劳全方位的建设,对大学生形成全方位的影响,因此要通过对课程整体的设计,达到德智体美劳全方位的育人。比如,以经济学专业课为例,融入职业规范类教育内容有助于提升大学生的职业道德素养和法律意识,融入劳动教育内容有助于大学生养成独立钻研、吃苦耐劳的精神品质等。二是注重对校园环境的建设,发挥隐性教育的作用,营造环境育人的良好氛围,为"课程思政"建设助推发力。例如利用校园宣传栏,张贴好人好事公告,鼓励学生们帮助他人,或者宣传校纪校规,督促学生遵守纪律。展示节俭、环保的校园建筑设计理念,提升学生爱护环境、与自然和谐相处的意识。三是学校、家庭、社会形成"三位一体"的育人模式。家庭是个人品质形成的基础,学校对品德进行最直接的培育,社会既对学生的品质进行检验也是学生品质稳固的重要依托。由此可见,高校"课程思政"建设需要家庭和社会的共同支持与推动。一方面,可以通过一定的方式向家长传递社会主义核心价值观相关内容,让良好家风对孩子人格养成发挥重要的作用,实现家庭教育与高校"课程思政"建设的一致性;另一方面,学校可以通过和合作企业建立见习、实习基地,让学生在社会实践过程中受到培育。

三、隐性渗透原则

"课程思政"与思政课程都是落实高校立德树人根本任务、提升大学生思政素养的重要途径。思政课程是落实立德树人根本任务的关键课程,是大学生接受思想政治教育的主要阵地,通过直接明了的课程内容对大学生的思政素养进行显性的渗透,是无法取代和超越的育人课程。而"课程思政"是要挖掘所有课程的育人元素,发挥课堂育人功能,提升教师育人能力,对育人工作起到有效促进和补充的作用,达到润物细无声的效果。一方面,"课程思政"建设需要充分发挥各学科的特色,利用学科优势对大学生进行价值观念引导。

学院或者教研室在推进"课程思政"建设的时候,以课程内容和教学方式为主要研究对象,制定出适合本学院或者本学科开展"课程思政"的具体对策,为其他"课程思政"建设提供参考。以数学课堂为例,可以以数学界名人华罗庚不为名利所动,执意报效祖国的故事为引导,激发学生的使命感和爱国情感。另一方面,结合当地文化实施开展"课程思政"建设。以红色文化为例,天津的高校在进行"课程思政"建设时,可以以大沽炮台、周邓纪念馆、平津战役纪念馆等作为特色资源,将革命前辈的坚定理想、百折不挠的奋斗精神和立党为公、忠诚为民的奉献精神融入各类专业课程中,有效利用当地特色文化推进文化育人,促进高校"课程思政"建设。

第四章 "三全育人"背景下
高校课程思政建设的现状与困境分析

"三全育人"背景下高校课程思政建设的现状是本书研究的现实问题,也是研究重点。在本章中,以调查问卷的方式对高校"课程思政"建设现状进行了实证研究,分析了"三全育人"背景下高校"课程思政"建设的基本状况以及面临的困境及其原因,为进一步给优化"三全育人"背景下高校"课程思政"建设路径提供必要条件。

第一节
"三全育人"背景下高校"课程思政"建设现状调查

一、调查安排与问卷设计

(一)调查目的与对象

为了更加客观准确地了解现阶段高校"课程思政"开展的状况,以及高校教师员工和学生对专业课、通识课融入思政内容的看法,在充分阅读相关文献资料的基础上,设计了"'三全育人'视阈下高校'课程思政'建设路径研究"调查问卷(教师版和学生版),有计划地开展了调查,试图通过调查来发现问题、分析问题,并最终找到解决问题的途径。本次调查开展范围为天津市普通高校,从不同学校、不同专业和不同性别等条件中随机抽取调查对象,充分体现系统性、科学性、差异性和代表性。具体高校包括天津商业大学宝德学院、天津商业大学、天津财经大学、天津仁爱学院、天津农学院、天津城建大学。教师版问卷调查对象以任课教师和辅导员为主,还包括行政岗、服务岗和后勤其他人员,共计发放 84 份,有效回收 80 份,有效回收率 95%,调查数据较为完整。学生主要是大学本科在读生,共计发放 500 份,有效回收 478 份,有效回收率 95.6%,数据基本能反映当前高校"课程思政"建设学生的接受现状。

(二)调查问卷的内容设计与发放方式

这次调查的目的在于从高校教师员工和学生的认知态度、践行情况、实施效果三个方面了解当前高校"课程思政"开展的现状和存在的问题。因此,问卷从教育客体(学生)和教育主体(高校工作者)两个维度出发进行设计。从受教育者角度讲,问题涵盖了学生对"课程思政"的认同度和接受效果,以及从侧面了解专业课教师和通识课教师开展"课程思政"的情况和建议。从高校工作者维度来看,问题涵盖教育主体对"课程思政"的认知度、认可度和教育教学实施情况,以及高校对"课程思政"开展的支持力度。问卷整体设计较为清晰和容易理解,调查过程也较为客观,保证了数据的真实性和有效性。调查方式包括线下纸质问卷和线上问卷星两种。

二、当前高校"课程思政"建设的总体情况

(一)关于样本的基本信息概况

学生卷调查对象的人数比例分布主要基于性别、专业类型、年级三个维度。按照性别分类,其中男生 210 人,占总人数的 44%;女生 268 人,占总人数的 56%。按照专业类型分类,文史财经类学生 296 人,占总人数的 62%;理工类学生 182 人,占总人数的 38%。按年级来看,一年级 100 人,占总人数的 21%;二年级 172 人,占总人数的 36%;三年级 178 人,占总人数的 37%;四年级 28 人,占总人数的 6%。教师卷调查对象比例分布主要基于性别、工作岗位两个维度考量。其中男性教师员工 16 人,占总人数的 20%;女性教师员工 64 人,占总人数的

80%。按工作岗位来看,教师岗 59 人,占总人数的 74%;辅导 15 人,占总人数的 19%;行政管理岗 3 人,占总人数的 4%;后勤服务岗 3 人,占总人数的 4%。

（二）教师及大学生对"课程思政"认知和态度的调查

1. 教师整体认知情况和态度的现状分析

表 4 – 1　教师对"课程思政"的认知和态度调查

题目	类别	小计（人数）	比例（%）
您对课程思政的了解程度如何？	很了解,有过专门研究	8	10
	比较了解	21	26
	有一定了解	34	42
	不太了解	11	14
	不了解	6	8
关于"三全育人"下面哪一项是正确的？	全员、全程、全方位育人	59	73
	全员、全程、全阶段育人	2	3
	全员、全阶段、全方位育人	13	16
	全程、全阶段、全方位育人	6	8
您对"课程思政"开展的态度如何？	非常重要	26	32
	比较重要	32	40
	不太重要	15	19
	完全没必要	1	1
	开展与否无所谓	6	8
有效填写人数		80	

从对"课程思政"的认知情况调查来看,高校教师对"课程思政"的认知还有待提高。如表 4 – 1 所示,当被问及"您对课程思政的了解程度如何"时,42% 的教师表示"有一定的了解",26% 的教师表示"比较了解",10% 的教师表示"很了解,并有过专门研究",14% 的教师表示"不太了解",8% 的教师表示"不了解"。在"关于三全育人下面哪一项是正确的"一问中,有 73% 的教师能正确选出关于

"三全育人"的内容,27%的教师未能对其有正确的把握,从教师对"三全育人"内容的了解情况来看,总体呈积极乐观的状态,但仍然有小部分教师还处于不能正确把握其内容的状态。由数据可以推测,当前"课程思政"在高校教师中的宣传力度还有待提高,很多人处于模糊了解的状态。认知是行为的先导,在对"课程思政"认知把握不够的情况下开展课程思政建设,效果可想而知,这也从侧面反映出当前高校"课程思政"开展的情况并不乐观。因此,想要使"课程思政"得到有效开展,就需要加强教师对"课程思政"的认知普及,理解"课程思政"是什么、为什么,同时探索怎么做的问题。

从对"课程思政"开展的态度来看,高校教师对"课程思政"建设的认可度较高。如表 4 - 1 所示,当问及"您对于'课程思政'开展的态度如何"时,32%的教师表示"非常重要",40%的教师表示"比较重要",19%的教师表示"不太重要",还有 8%的教师认为"开展与否无所谓"。由数据可见,高校教师对"课程思政"持肯定态度的教师共占比72%,持否定态度的教师占比38%,持肯定态度的教师明显多过持否定态度的教师,这也意味着高校开展"课程思政"工作会得到多数教师的支持与积极响应,但是积极性还是不够,因此解决教师态度问题、调动教师积极性仍然是保证"课程思政"顺利开展的基础工作。

2. 大学生整体认知情况和态度的现状分析

表 4 - 2   大学生对"课程思政"的认知情况和态度调查

题目	类别	小计(人数)	比例(%)
你是否听说过"课程思政"?	是	201	42
	否	277	58
对于通识课和专业课讲授思政内容你持什么观点?	很感兴趣	58	12
	比较关心	105	22
	不太关心	258	54
	不关心	43	9
	很排斥	14	3

续表

题目	类别	小计(人数)	比例(%)
授课过程中你比较关注教师讲解哪方面内容?	专业相关内容	454	95
	国内外时政话题	220	46
	社会生活类话题	287	60
	经济形势类话题	320	67
	人文地理类话题	229	48
	其他	67	14
有效填写人数		478	

　　大学生对"课程思政"的认知还有待提升。如表4－2所示,当问及"是否听说过课程思政"时,42%的大学生表示听说过,没有听说过的大学生占比58%。体现出"课程思政"的开展力度和广度还有待加强,大学生关于"课程思政"的认知还有待提升。大学生针对专业课和通识课讲授思想政治教育内容的态度并不积极。如表4－2所示,面对"对于通识课和专业课讲授思想政治教育内容你持什么观点"的问题时,12%的大学生表示"很感兴趣",22%的大学生表示"比较关心",而54%的大学生则表示"不太关心",另外表示"不关心"和"很排斥"的大学生分别占比9%和3%。可见大学生对"课程思政"的认可度并不高。在关于"课堂学习中你比较关注教师讲解哪方面的内容"一问中,95%的大学生表示在课堂学习中比较关注"专业相关内容",46%的大学生表示比较关注"国内外时政话题",关注"社会生活类话题"的占比60%,"经济形势类的话题"的占比67%,关注"人文地理类"的占比48%。由此可以推测,大学生对于自身发展的认识还不够全面,德智体美劳中"智"的发展仍处于首要位置。

（三）关于"课程思政"开展情况的调查

1.从教师层面看高校"课程思政"开展情况的调查

表4-3 从教师层面看高校"课程思政"开展情况的调查

题目	类别	小计（人数）	比例（%）
您在所教授课程中融入了哪些思政内容？（如没有融入，请选"只专注专业知识讲授"）[可多选]	振兴中华为己任的爱国意识	69	86
	爱岗敬业责任意识	62	78
	无信不立诚信意识	54	68
	尊师重教礼仪意识	56	70
	追求真理、严谨治学的学术精神	60	75
	开拓进取的创新意识	62	78
	遵纪守法的法治意识	50	63
	只专注于专业知识讲授	6	8
	其他	2	3
	不清楚	3	4
您认为应该从哪些方面挖掘"课程思政"的育人元素？	示范引领教育，以自身信仰、校友经历、科学家献身精神等为例	75	94
	行业产业元素专题式教育，以专业伦理、职业道德为切入点	68	85
	时事讨论式教育，比如抗疫时期的逆行者、港区国安法实施生效等	64	80
	其他	6	8
	不清楚	4	5
您目前在教学过程中应用了哪些方式进行"课程思政"？	结合专业知识点，潜移默化地进行	36	45
	课程中点到为止，未深入开展	29	36
	开课前几分钟进行理论灌输	8	10
	不知如何开展或未开展	6	8
	其他	8	10
有效填写人数		80	

在关于"您在所教授课程中融入了哪些思政内容"一问时,如表 4 – 3 所示,融入内容依次为:"振兴中华为己任的爱国意识"占比最大,为 86% ,"爱岗敬业的责任意识"占比 78% 。由此可以推测,爱国主义教育与职业道德教育在专业课和通识课上融入得比较多。创新、求真、尊师重教的教育紧跟其后,"开拓进取的创新意识"占比 78% ,"追求真理、严谨治学的学术精神"占比 75% ,"尊师重教礼仪意识"占比 70% 。"无信不立"的诚信意识占比 68% ,"遵纪守法的法治意识"占比 63% 。针对"课程思政"未来有待加强挖掘内容方向的问题,94% 的教师认为可以进行"示范引领教育,以自身信仰、校友经历、科学家献身精神等为例",85% 的教师选择"挖掘行业产业元素专题式教育,以专业伦理、职业道德为切入点",80% 的教师则表示可以就"时事讨论进行教育,比如抗疫时期的逆行者、港区国安法实施生效等"。

在关于"您目前在教学过程中应用了哪些方式进行课程思政"提问时,45% 的教师表示"能结合专业知识点,进行潜移默化的价值引领",但是仍有部分教师在进行错误示范,比如"课程中的点到为止和开课前的几分钟理论灌输",其分别占比 36% 、10% ,如此非但不能起到育人效果,更有可能使学生对思想政治教育产生抵触和反感。还有 8% 的教师处于"不知如何开展和未开展"的状态,因此,提高教师育人意识与育人能力,加快"课程思政"队伍建设是未来"课程思政"的工作的重点之一。

表 4 – 4 　"课程思政"开展效果的调查

题目	类别	小计(人数)	比例(%)
在您所教授的课程中融入思想政治教育内容,对于学生政治素养和综合能力的提升效果如何?	效果非常好	10	13
	效果较好	28	35
	效果一般	32	40
	无明显效果	6	7
	没有融入	4	5

续表

题目	类别	小计(人数)	比例(%)
您认为专业课程和通识课程引入思政元素,对学生有帮助?	帮助非常大	10	12
	有一定帮助	26	33
	帮助不太大	39	49
	没有任何帮助	1	1
	因人而异	4	5
有效填写人数		80	

当前高校开展"课程思政"取得一定成就,但是提升空间还非常大。面对题项"在您所教授的课程中融入思想政治教育内容,对于学生政治素养和综合能力的提升效果如何",如表4-4所示,13%的教师认为"效果非常好",35%的教师认为"效果较好",多数教师则表示"效果一般",占比40%,也有部分教师表示无明显效果或没有融入,分别占比7%、5%。由数据来看,"课程思政"对学生政治素养和综合能力的提升有一定效果,只是有的效果好,有的效果一般。总结教师能把"课程思政"效果把握得好的技巧或原因,对提升"课程思政"效率有重要的作用。当问及"专业课程和通识课程引入思政元素,对学生有帮助吗",12%的教师表示"帮助非常大",33%的教师表示"有一定帮助",49%的教师认为"帮助不太大",认为"没有任何帮助"的教师占比1%。可见"课程思政"的实施能促进大学生的人格健全与成长成才,只是当前效果还参差不齐。

2.从学生层面看高校"课程思政"开展情况的调查

表4-5 "课程思政"开展情况的调查

题目	类别	小计(人数)	比例(%)
专业课教师或通识课教师在教学过程中是否会表明自己的观点和政治立场?	明确表达	86	18
	模糊表达	287	60
	不表达	57	12
	不清楚	48	10

续表

题目	类别	小计(人数)	比例(％)
你的专业课教师在讲授专业课时一般用什么方式开展"课程思政"？	引领示范教育	229	48
	专题式教育	263	55
	时事讨论式教育	277	58
	其他	72	15
	没有融入	143	30
有效填写人数		478	

知识传授和价值引领是课程所应具备的两个基本条件,但显然当前课程更偏于知识传授方面。从表4－5所示,面对"专业课教师或通识课教师在教学过程中是否会表明自己的观点和政治立场"的提问时,仅18％的大学生表示"专业课教师对自己的政治立场有过明确表达",60％的大学生表示有过"模糊表达","不表达"和"不清楚是否表达"的分别占比12％、10％。专业课教师是带领大学生进入该专业领域的"第一人",因此专业课教师的言行和品性对大学生的价值观形成有着重要影响。在关于"你的专业课教师在讲授专业课时一般用什么方式开展'课程思政'"一问时,30％的大学生表示"专业课教师并没有在专业课程融入思政元素",48％的大学生表示"一般以自身信仰、校友经历、科学家精神等为例,进行示范引领教育",55％的大学生表示"专业课教师以专业伦理、职业道德为切入点,进行行业、产业元素相关的专题式教育",58％的大学生表示"以时事为论点,比如抗疫时期的逆行者、港区国安法实施生效等,进行讨论式教育"。由此可见,专业课"课程思政"开展的广度还有待扩宽,已经在采取的教育形式和教育方法值得传承,但也要推进"课程思政"开展方式方法的创新性发展。

表4-6　从学生层面看"课程思政"开展情况的调查

题目	类别	小计（人数）	比例（%）
与思想政治理论课相比,你对专业课中讲的思政内容收获是	理解更深刻	277	58
	收获一样	134	28
	思政课收获更大	57	12
	都没有收获	10	2
除了专业知识习得外,你在专业课最大的收获是	认清国内外形势、坚定政治信仰	344	72
	端正专业态度、明确职业道德规范	363	76
	对职业生涯、人生规划更清晰	301	63
	其他	72	15
	除了专业知识没有其他收获	19	4
有效填写人数			478

　　专业课或者通识课讲授的思想政治教育内容对大学生影响深刻。如表4-6所示,当被问及"与思想政治理论课相比,你对专业课中讲的思政内容收获是什么"时,58%的大学生表示"在专业课中接受思想政治教育,其理解更深刻一些",12%的学生表示"思政课收获更大",28%的同学表示"收获一样",还有2%的同学表示"两者的收获都不明显"。不同的学生接受知识的方式具有差异性,无论是思政课程还是"课程思政",都是高校落实立德树人根本任务的策略,属于同一目的不同方式,因此,推进"课程思政"建设,坚持专业课和通识课与思政课同向同行,是促进大学生成长成才的有效途径。关于"除了专业知识习得外,你在专业课最大的收获是什么"一问时,72%的大学生表示"除了专业知识习得外,还能在专业课堂上认清国内外形势坚定政治信仰",76%的大学生表示"是端正专业态度明确职业道德规范",63%的大学生表示"对职业生涯和人生规划更清晰"。由此可见,"课程思政"对大学生的政治素养、道德品质等都有着积极影响。

3. 从学校政策层面看高校"课程思政"开展情况的调查

表4-7 "课程思政"管理情况的调查

题目	类别	小计(人数)	比例(%)
近三年,您参加"课程思政"相关会议和培训的情况是?	参加过教研室的"课程思政"会议或培训	26	33
	参加过院、系的"课程思政"会议或培训	29	36
	参加过校级层面的"课程思政"会议或培训	24	30
	参加过省市级层面的"课程思政"会议或培训	13	16
	参加过省外的"课程思政"会议或培训	8	10
	没参加过课程思政"会议或培训	16	20
您所在学校推进"课程思政"建设的措施有哪些?	以会议或文件通知形式传达"课程思政"建设要求	68	85
	组织教师参加"课程思政"相关培训	48	60
	成立专门的"课程思政"工作小组或工作室	20	25
	撰写"课程思政"教学大纲或方案	34	42
	设立"课程思政"教学改革课题	28	35
	将"课程思政"纳入课程评价体系	30	38
	将"课程思政"开展情况纳入教师考核体系	26	32
	没有具体措施	6	8
	不清楚	10	12
有效填写人数		80	

从近三年教师参加"课程思政"相关会议和培训来看,对"课程思政"的推进还有待提高。如表4-7所示,关于"近三年,您参加'课程思政'相关会议和培训的情况"一问时,10%的教师表示"参加过省外的会议或培训",16%的教师表示"参加过市级会议或培训","参加过校级会议或培训"的教师占30%,"参加过院系会议或培训"的教师占36%,"参加过教研室会议或培训"的教师占33%。由此可见,参加过校内相关会议和培训的人数比例高于参加市级或省级的人数占比,由此可以推测,当前"课程思政"得到了一定认可和重视,但是普及面还不够广,能参与其中的老师也有限。当前高校推进"课程思政"建设的措施多样化,如表4-7所示,关于"您所在学校推进'课程思政'建设的措施有哪些"一问时,以文件形式的宣传占比85%,组织教师参加"课程思政"培训的占比60%,设立"课程思政"教学改革课题的占比35%,其余还包括撰写"课程思政"教学大纲和方案占比42%,成立专门的"课程思政"工作小组或工作室的占比25%,以及将"课程思政"纳入考核体系的占比32%。但仍有少部分教师表示其所在高校"没有采取"(占比8%)或"不清楚"(占比12%)"课程思政"开展的措施。"课程思政"建设措施多样化的优点需继续保持,但也要注重效率与作用,避免形式化。

第二节
"三全育人"背景下高校"课程思政"建设面临的困境

"课程思政"主要是构建全员育人、全程育人和全方位育人格局,使通识课程和专业课程与思政课程同向同行,形成协同育人效应,把"立德树人"作为教育根本任务的一种综合教育理念。当前,高校"课程思政"建设还存在着一些问题,主要表现在以下三个方面:从全员育人来看,尚未形成一体化育人队伍;从全程育人来看,各课程环节有效衔接还不够紧密;从全方位育人来看,各方面未达成有机联动。

一、"课程思政"队伍建设比较薄弱

育人人员是育人活动开展的组织者、实施者和领导者,有着重要地位。"课程思政"育人队伍建设是个量大面广系统工程,需要从上到下、从里到外予以配合,包括教师、大学生自身、学校其他在岗人员的合力参与。但就调查数据来看,当前"课程思政"育人队伍建设还存在不足。

(一)部分教师育人意识与能力不足

表4-8 教师对开展"课程思政"的顾虑调查

题目	类别	小计(人数)	比例(%)
您对在您所教授的课程中融入思政元素的顾虑是什么?	教学时间有限	8	10
	教学精力有限	6	8
	不能科学准确把握内容	57	70
	效果不明显	4	5
	其他	2	3
	没有顾虑	3	4
有效填写人数		80	

高校教师的育人意识与能力是"课程思政"工作开展的基础,是高校完成"立德树人"教育目标的重要因素,因此在本次调查中,如表4-8所示,当问及"您对在您所教授的课程中融入思政元素的顾虑是什么?"时,70%的教师表示"上课时不太能科学地、正确地把握思政元素",10%的教师表示在开展"课程思政"时"教学时间有限",8%的教师表示"教学精力有限",5%的教师表示"教学效果差"。由此可见,"课程思政"建设的部分问题出在教师的育人意识与能力上,从教学时间和教学精力有限这两个选项来看,教师对"课程思政"没有一个正确的认识,"课程思政"不是新开一门课程,也不是占用通识课程或专业课程教学过多时间,把专业课和通识课上成思政课,而是将思政元素与其他所有课程内容相融合,在知识传授过程中潜移默化地进行价值观引领。重智育轻德育是很多专业课程的

普遍体现，一是传统"分数"考核形式使教师形成了重知识传授的意识，这属于育人意识层面的认识不足；二是常言"术业有专攻"，专业课和通识课教师在进行"课程思政"教学时，难以科学、正确地把握思政元素也是在情理之中，这属于育人能力范畴层面的不足。

（二）大学生思想政治教育自觉性较弱

表4-9 大学生主动学习情况调查

题目	类别	小计（人数）	比例（%）
你是否会主动关注国内外形势、国家领导人动态及国家最新政策？	总是	57	12
	经常	76	16
	有时	153	32
	偶尔	163	34
	从不	29	6
你是否自学过习近平新时代中国特色社会主义思想？	是	163	34
	否	315	66
有效填写人数		478	

大学生是"课程思政"的实施对象，是教育的客体，但是大学生不是被动的接受者，而是有独立思想、有判断能力的接受者。接收的思想观念能否纳入自身的思想体系，指导实践活动，大学生不再是被动的受教育者，而是自我教育的教育主体，大学生的态度是大学生接受教育的关键所在。如表4-9所示，当问及大学生"你是否会主动关注国内外形势、国家领导人动态以及国家最新政策"时，仅有12%的大学生表示"总会关注时事政治动态"，16%的大学生表示会"经常关注"，32%的大学生表示"有时会关注"，34%的大学生表示"偶尔会关注"，另外有6%的大学生表示"从不关注"。同时，在涉及"是否主动学习过习近平新时代中国特色社会主义思想"的问题中，66%的大学生持"否定"态度，34%的大学生表示"主动学习过"。由此可见，大学生的政治敏感度并不高，对思想政治教育内容的关注度不太够，主动学习的积极性还有待提升。只有调动大学生主动学习

的积极性,使大学生爱学习、会学习,在专业课和通识课中配合老师的价值引领,从接受老师育人内容到主动学习、思考、总结和反馈,活跃"课程思政"课堂氛围,发挥课程育人实效作用,使"立德树人"工作落实到位。

（三）管理和后勤服务部门育人工作状态不佳

管理部门和后勤服务部门人员是指行政岗位上的教师和服务岗位上的教师,比如教务处、财务处、保卫处等部门人员,他们与大学生日常生活的接触也不少,是高校育人队伍的重要补充。提倡管理人员和后勤人员为"课程思政"助力不是说让这部分人走进教室开展教学活动,而是鼓励这批人走进学生的生活课堂,上好生活思政课程,在日常中当好学生的生活思政导师,成为一支上生活讲台、进生活课堂的重要思政力量,以营造良好的"课程思政"氛围。

表4-10 管理和后勤人员参与育人活动情况的调查

题目	类别	小计(人数)	比例(%)
你对所学专业职业道德规范的了解途径主要来自?［多选］	辅导员	301	63
	专业课教师	402	84
	通识课教师	139	29
	思政课教师	306	64
	学校某领导人员	38	8
	行政管理人员	48	10
	服务部门某人员	27	6
	父母	143	30
	其他	2	0

续表

题目	类别	小计(人数)	比例(%)
对你思想养成影响最大的人是?（单选）	辅导员	57	12
	专业课教师	105	22
	通识课教师	43	9
	思政课教师	76	16
	学校某领导人员	4	1
	行政管理人员	1	0
	服务部门某人员	1	0
	父母	148	31
	其他	43	9
对你学业规划或就业指导帮助最大的人是?（单选）	辅导员	177	37
	专业课教师	138	29
	通识课教师	10	2
	思政课教师	24	5
	学校某领导人员	9	2
	行政管理人员	2	0
	服务部门某人员	0	0
	父母	56	12
	其他	62	13
有效填写人数		478	

由表4-10可以看出,大学生对于所学专业职业素养知识的获得主要来自专业课教师、思政课教师和辅导员,而10%的大学生表示受到过学校行政管理人员的指导,8%的大学生表示受到学校某领导人员的指点,6%的大学生接受过服务部门某人员的教育。当被问及"对你思想养成影响最大的人是谁",31%的大学生选择"父母",22%的大学生选择"专业课教师",16%的大学生选择"思政课教师",12%的大学生选择"辅导员",再看行政管理部门的人员和后勤管理部门

的人员的影响度均为0。同样,在关于"对你学业规划或就业指导帮助最大的人是谁"的问题回答时,478位学生中有9位学生选择了"学校某领导人员",占比2%,有2位学生选择了"行政管理人员",无人选择"服务部门人员"。教师、行政管理人员和后勤服务人员各自承担着高校教书育人、管理育人、服务育人的重任,高校教育主体协同合作、高校教育目标方向一致是高校"课程思政"建设的重要合力。虽说"岗位有分工,工作有轻重",但是行政管理部门和后勤服务部门作为高校育人队伍的一部分,却脱离育人工作,加上工作性质的原因,导致育人"真空地带"现象的出现。长此以往,行政管理和后勤服务部门育人功能愈来愈弱,高校全员育人队伍就失去了重要一维,也会对"课程思政"建设造成不良影响。

二、全课程育人体系存在缺陷

高校进行"课程思政"建设是一个承前启后的工作,大学生在进入高校之前,接受过初高中思想品德教育,"课程思政"是对以往教育的一个"承前"工作。同时,大学生终将回归社会,参与到中国特色社会主义建设中去,高校的根本教育任务在于立德树人,培养全面发展的社会主义建设者和接班人,"课程思政"也是对大学生未来的一个"启后"工作。全过程的"课程思政"育人可以从课前设计、课中融入、课外延伸三个维度讨论。课前的准备工作是基础,课中的执行是重点,课后延伸是维系与巩固。全过程的"课程思政"并非局限于"上课"这个时间维度上的思想政治教育,课前准备和课后延伸都应该是全过程开展"课程思政"的"题中应有之义"。课前准备包括培养方案的拟定、教学大纲的修订和授课计划,课后延伸包括课后活动、相关课题申报等。因此,"课程思政"是一项完整的工作,每个阶段都是紧密相连的,但目前高校由于种种原因使育人过程出现了"裂痕"。

（一）"课程思政"呈现中间重两头轻的现象

表 4－11　对"课程思政"教学影响阶段的调查

题目	类别	小计（人数）	比例（％）
"课程思政"对于你思想政治素养的形成和发展,哪个阶段影响最大？	刚入学阶段	115	24
	在校学习阶段	311	65
	寒暑假、节假日阶段	10	2
	见习、实习阶段	24	5
	在家期间	9	2
	其他	9	2
有效填写人数		478	

　　"课程思政"工作是一项连续、完整的活动。但如表 4－11 所示,在被问及大学生"'课程思政'对于你思想政治素养的形成和发展,哪个阶段影响最大"时,65％的同学表示"在校学习阶段影响最大",即上课期间,其次是"刚入学阶段",占比 24％,有三个阶段是对大学生影响起作用很小的时间段,见习实习阶段占5％、节假日寒暑假阶段占 2％、在家期间占 2％。由此可以看出,在上课期间对"课程思政"工作的重视度较高,但是在其他阶段稍显不足,这也从侧面反映出"课程思政"阶段性育人工作衔接不到位,出现"中间重、两头轻"的现象。入学前的课程规划工作是"课程思政"工作开展的基础,刚入校时新生思想状况参差不齐,但是高校却难以照顾到大学生思想道德素质发展的差异性,专业课和通识课教师在进行"课程思政"授课计划时往往对所有学生"一视同仁",很难有针对性地制订授课计划。

（二）专业课和通识课的思政内容挖掘不充分

表4－12　关于"课程思政"内容挖掘的调查

题目	类别	小计(人数)	比例(%)
你认为"课程思政"建设中，有哪些方面值得改进？〔多选〕	教材	215	45
	教学内容	229	48
	教学方式	277	58
	教师感染力	191	40
"课程思政"教学内容应该在哪些方面改进？〔多选〕	时政热点	382	80
	国内外案例比较分析	334	70
	专业相关知识点	249	52
	榜样素材	191	40
有效填写人数		478	

育人元素挖掘不够、育人形式老套都是当前高校"课程思政"建设问题所在。如表4－12所示，当大学生被问及"在'课程思政'建设中，你觉得在哪些方面值得改进"时，从教材、教学内容、教学方式、教师感染力四个方面做调查，其数据出入不大，分别占比45%、48%、58%、40%。由此可见，这四个方面都是有待改进和加强的环节。在"'课程思政'教学内容应该在哪些方面挖掘"上，呼声最高的两个改进方向是时政热点和国内外案例分析，分别占比80%和70%，其次是"专业相关的知识点"占比52%，最后是"专业领域的榜样素材"占比40%。数据显示，占比越大的部分越是当前建设不足的部分，未来建设应该在该板块引起重视。

（三）课程节假日育人延伸度不够

表4-13　对高校寒暑假及法定节假日育人情况的调查

题目	类别	小计（人数）	比例（%）
节假日期间,学校是否会举办相关教育活动?	总是	48	10
	经常	105	22
	有时	168	35
	偶尔	143	30
	从不	14	3
在寒暑假,你的专业课老师是否还会关注学生的思想发展、指导学习?	总是	14	3
	经常	38	8
	有时	153	32
	偶尔	192	40
	从不	81	17
有效填写人数		478	

　　专业课教师可以利用节假日安排合适的综合性实践教学或实习课程,当前假期却成为高校"课程思政"育人的薄弱环节。如表4-13所示,当被问及"节假日期间,学校是否会举办相关教育活动(如:清明节组织班级缅怀英烈扫墓活动,国庆节举行主题征文或演讲比赛)"时,10%的学生表示"总是","经常"选项占比22%,35%的大学生表示"学校有时会举办相关活动",30%的大学生表示学校"偶尔会举办相关活动"。面对"在寒暑假,您的专业课老师是否还会关注学生的思想发展、指导学习(比如关心大家最近状况,分享好的文章或学习资料等)"的选题,40%的大学生表示"偶尔会",32%的大学生表示"有时会",而"总是关注"和"经常关注"的占比分别只有3%和8%。由以上数据可以看出,法定节假日"课程思政"的延伸工作虽然有开展,但是力度还不够,寒暑假更是专业课教师育人工作的断点。假期"课程思政"育人工作的难点在于学生不集中,且心思不坚定,这个时期的育人工作要提前做足方案,可以利用线下实践教育和线上理论教

育的形式进行。比如根据学生主动申请和学院合理安排的形式,安排学生假期到岗实习,并完成实习报告,实习报告包括专业知识习得、职业道德认识和思想发展等内容。

三、"课程思政"育人方法有待革新

"课程思政"育人方法是指如何把思想政治教育内容融入进专业课程和通识课课程,方法得当、技艺高超,"课程思政"成效就会事半功倍;方法不科学、艺术不高明,就会事倍功半。

表 4 – 14 关于"课程思政"改进方向的调查

题目	类别	小计(人数)	比例(%)
您目前教学过程中开展"课程思政"的方式是	结合专业知识点,潜移默化地进行	36	45
	课程中点到为止,未深入开展	29	36
	开课前几分钟进行理论灌输	8	10
	不知如何开展或未开展	6	8
	从不	8	10
在"课程思政"建设中,您觉得在哪些方面值得改进?[多选]	教材	36	45
	教学内容	38	48
	教学方式	40	50
	教师感染力	33	41
	其他	14	17
有效填写人数		80	

随着"课程思政"的不断推进,教育在"课程思政"育人上也取得了一些成效,如表 4 – 14 所示,在被问及"您目前教学过程中开展'课程思政'的方式是什么"时,有 45% 的教师表示"结合专业知识点,潜移默化地进行",但是问题也很突出,有 55% 的教师在进行错误示范或者不知如何开展,36% 的教师表示"课程中点到为止,未深入开展",10% 的教师表示"开课前几分钟进行理论灌输",8% 的教师表示"不知如何开展或未开展"。在关于"'课程思政'建设中,您觉得在

哪些方面值得改进"一问中,占比最高的是"教学方式",有50%的教师选择此项,其次是45%的教师表示"教材"需要改进,"教学内容"有待丰富,还有41%的教师选择了"提升感染力"选项,17%的教师选择了其他。由此可见,当前"课程思政"工作开展过程中,首先是教师在教学方式方法上还不够成熟,如何把思想政治教育内容融入专业课和通识课,使课程进行有效的价值引领是当前亟须解决的问题。得当的教学方式也是提升教师感染力的重要手段。其次是教材编写还不能满足当前"课程思政"工作的需求,教材是一个比较全面的系统,好的教材有助于提升课程的效果,把思想政治教育内容编写进教材是未来"课程思政"发展的趋势。

四、"课程思政"考核评价制度不健全

教学评估是"课程思政"育人工作中不可或缺的一部分。"课程思政"建设的目的不在于通识课和专业课融入思政元素这个操作本身,而在于提升课堂育人实效,切实增强大学生思政素养,实现促进大学生全面发展的效果。课程内容是否合理,育人方向是否正确,育人方法是否有效等问题都需要进行考核和评价,一方面,科学的考核和评价是对上一次课程的总结;另一方面,总结的经验与教训为下一次课程开展提供了有效指导。

表 4-15　对高校"课程思政"考核形式的调查

题目	类别	小计(人数)	比例(%)
目前您所在高校"课程思政"考核形式有哪些?	学生评价	48	60
	教师互评	5	6
	督导评价	42	52
	相关量表进行测量	6	7
	其他	2	3
	不清楚	32	40
	没有考核	12	15
有效填写人数		80	

如表 4 - 15 所示,当问及"目前您所在高校'课程思政'考核形式有哪些"时,52%的教师选择"督导评价",60%的教师选择"学生评价",而40%的教师表示并不清楚当前"课程思政"的考核形式,15%的教师表示没有考核。由此可以推测,有的高校目前还未推出一项科学的考核方案,也有可能是考核方案现已有,但是未得到很好的运用,所以很多教师都不知道其存在。值得一提的是,运用相关量表测量的占比只有7%,这也是"课程思政"考核的缺陷所在。"课程思政"的考核方式应该具有多样性,包括督导考核、学生考核和量表考核等,考核内容也应该具有全面性,包括教学大纲里是否包含思想政治教育内容、授课中是否有效进行思想引领以及学生接受"课程思政"后的效果如何,以上都是"课程思政"考核评价制度制定需要考虑的元素。

第三节 高校课程思政面临困境的主要原因

新时代下,思想政治教育的布局已由"传统思想政治理论课程发展到以课程思政为新增点的'大思政'格局"。"课程思政"的构成要素有很多,包括高等院校、专业课教师、大学生等。挖掘课程中潜在的思想政治教育资源是回归课程价值诉求的应有之义,然而,部分高等院校的管理制度不健全导致了其对"课程思政"建设的重视程度不够。专业课教师是高等院校实现立德树人根本任务的主力军之一,由于他们当中的一部分人育人观念错位、育人能力欠缺及育人侧重点不准,出现了"课程思政"教育教学中重"知"不重"智"、重"教"不重"育"、重"才"不重"德"的问题。新时代大学生是评价"课程思政"建设是否取得成效的一块试金石,但是,部分大学生对于知识传授与价值引领的关系认识模糊,使他们不接受通过专业课进行价值观引导。

一、部分高等院校"课程思政"的管理制度不健全

我国高等院校的育人工作是一项复杂的系统工程,它并不是某类人员孤立进行的,而是众多育人组织机构和人员的协作。从事高等院校育人工作的各级各类组织机构和人员,各自按照一定的分工对大学生施加一定的影响,从而构成了高等院校育人工作的整体过程。出于协调众多育人组织机构和人员的育人活动,使各方面的教育力量有机结合起来,形成一股合力;实现育人元素的最佳组合,有效地发挥诸类育人要素的作用,达到既定的育人目标的目的,就必须要形成科学完善的管理制度。部分高等院校之所以不重视"课程思政"建设,一个重要原因在于其"课程思政"的管理制度不健全。制度安排是课程思政建设的核心驱动,也是高校落实立德树人根本任务的顶层设计,所以,在"课程思政"建设中,高等院校首先要解决好由谁领导的问题。但是,就目前情况来看,部分高等院校只是将"课程思政"作为课程改革和教育教学的新举措落实到各个二级学院分散推进,而没有从意识形态教育的高度对高等院校育人工作进行整体性的规划和统筹设计,从而出现了不知"由谁来领导"的问题。我国高等院校"课程思政"是一种价值性和政治性鲜明的教育理念,它的管理主体必然是高等院校党委,这是管理主体系统的核心部分。高等院校党委领导下的其他行政部门和组织在某种程度上也具有这种主体资格,但是在高等院校"课程思政"管理主体系统中只能处于次要部分。因此,高等院校需将课程思政建设摆在关乎党的建设、党的事业兴衰成败、国家前途命运的高度,建立党委领导的管理制度。

二、部分高等院校专业课教师的育人理论水平不足

作为思想政治理论课改革和课程育人的新举措,"课程思政"建设在全国高等院校范围内全面展开。《高等学校课程思政建设指导纲要》指出:"全面推进课程思政建设,教师是关键。要推动广大教师进一步强化育人意识,找准育人角度,提升育人能力,确保课程思政建设落地落实、见功见效。"但是,在"课程思政"建设中,部分专业课教师育人观念错位、育人能力欠缺、育人侧重点不准等使"课程思政"的实效大打折扣。因此,出于保证"课程思政"改革行之有效的目的,专

业课教师必须转化育人观念、增强育人能力、瞄准育人角度。

第一,育人观念错位。思想政治理论课是高等院校育人的主要途径,但不是唯一途径。习近平总书记高度强调了高等院校其他各类课程在育人中的重要作用,认为除思想政治理论课外的其他各类课程也是高等院校育人体系必不可少的一部分。虽然"课程思政"改革已在全国高等院校全面推进,但是,作为一种教学理念和实践活动,"课程思政"并没有在高等院校中达成普遍共识,并不是所有专业课教师都将"课程思政"入脑入心,部分专业课教师没有充分挖掘所授课程蕴含的思政元素,固守用知识育人,不用智慧育人的思想,育人观念错位。"课程思政"的目的在于让专业课程发挥育人功能。部分专业课教师还没有意识到对大学生进行价值观教育的迫切性和严峻性,对高等院校的根本任务在于立德树人认识不到位,没有从宏观上对专业课程的育人功能进行有效的把控。在课堂教学过程中,挖掘、利用本门课程蕴含的思政元素是实现课程育人的有力方式,专业课教师本应积极、主动地将所授课程内隐的思政资源"挖出来"。但是,由于部分专业课教师的马克思主义理论底蕴不深厚,对育人工作了解得少,认识片面,在自身的育人观念中存在一种误区,即把自己的专业知识教好,把专业技能教好就可以了,育人工作是思想政治理论课教师和辅导员的事情,不是自己的职责所在。更为严重的是,极个别专业课教师受西方复杂社会思潮的影响,存在理想信念不明确、政治立场不坚定等问题,以致在授课过程中无形渗透给学生,使学生的理想信念、政治立场等发生动摇,大大削弱了高等院校育人工作的效果。尤其是一些历来思想政治教育氛围不浓厚,与思想政治教育结合较少的理工科院系,相比思想政治理论课教师而言,这类院系的专业课教师偏向于相信逻辑严谨、精确无误的实验数据和操作技能对学生有帮助,而对于自身所属的学科、所受的专业课程中是否暗含思想政治教育资源,是否需要进行、可以进行价值观教育举棋不定。总之,受诸多因素的影响,"课程思政"这一教学理念和实践活动并未真正深入到每一位专业课教师的脑中和心中,部分专业课教师的育人观念有待转化。

第二,育人能力欠缺。从中华人民共和国成立至今,无论国际国内形势如何变化,党和国家从未停止对高等院校育人工作的重视,始终关切大学生、热爱大学生,将大学生的思想政治教育工作摆在突出位置。同时,在高等院校育人工作中,党和国家十分强调各科教师在育人过程中的作用。教书和育人是专业课教师的双重使命,在以往的高等院校教育教学过程中,专业课教师只重"教书",不重"育人","课程思政"是弥补这一缺陷的有力举措。但是,在"课程思政"建设过程中,仍然有部分专业课教师存在重"教"不重"育"的现象,追其原因,在一定程度上是由于他们的育人能力不足。育人能力是指教师"根据一定社会和阶级的思想观点和道德行为规范,以及受教育者身心发展规律,通过一定方式,启迪学生,促其感悟、领会、悦纳,从而达到道德内化、行为自律、个性优良的能力"。"课程思政"这一教学理念和实践活动能否有效推行开来,专业课教师是否具备育人能力是关键。在实际教学过程中,部分专业课教师缺乏育人能力,他们只具备讲解专业知识的专业方法和技能等,在课堂教学过程中几乎只将专业知识传授给大学生。尽管学校及其各二级学院对专业课程与思想政治理论课一道发挥育人作用做出了明确的要求和规定,部分专业课教师也意识到了这一点,也有意愿在自身所教的课堂中传递专业知识背后的思政元素,但是,自身育人能力不足在很大程度上限制了"课程思政"有效性的发挥。部分专业课教师的育人能力不足主要有以下几方面的原因:其一,部分专业课教师的教学技能不足。"课程思政"能否有效落实说到底还是要依靠专业课教师的能量,凸显专业课教师的技能。各类专业课的教育教学活动是"课程思政"建设的基础,所以,专业课教师是否具备过硬的教学能力是关键。但是,部分专业课教师的教学技能和教学水平不足,没有将心、力、情投入到课堂教学中,从而在一定程度上造成了自身育人能力的不足。其二,一些高等院校开展的"课程思政"培训不够。"课程思政"建设的全面推进需要彰显专业课教师在课堂教学中的主导作用,这种主导作用的实现离不开专业课教师教育观、教学观及育人观的改变,需要专业课教师在课堂教学中增添价值维度,坚持知识维度与价值维度并重,充分发挥自身价值观教育的本领和能力。也就是说,"课程思政"建设需要专业课教师主动补上"课程思政"的课,但是,目前高等院校"课程思政"的培训不够,如教师岗前培训、在岗培训和师德师风、教学能力专题培训等,从而导致部分专业课教师对"课程思政"的相关原理和方法论掌握不足,专业育人的能力不强。其三,部分专业课教师对大学生学习生活关注较少。"课程思政"改革体现在课堂内和课堂外两个方面,课堂内和课堂外只有实现协同联动,才能实现"课程思政"的有效性。大学生在课堂上的表现仅仅是其整个生活系统、行为习惯、学习习惯以及思维方式的一部分,并不能全部反映出他们的所思所想和实际生活,因此,在离开课堂之后,专业课教师还要及时掌握大学生的思想动态,在全面掌握、深刻了解和沟通交流中完善对他们的认识,从而提升自身的育人能力。但是,部分专业课教师对大学生的日常生活漠不关心,与大学生的沟通不多,对大学生的所思、所想、所行关注较少,不注重提升自身的育人能力,因此,在一定程度上阻碍了"课程思政"建设的有效性。

第三,育人侧重点不准。专业教育与价值教育是密不可分的,二者共同作用于大学生价值观教育过程中。专业教育是价值教育的载体,价值教育是专业教育的统领。在"课程思政"建设过程中,专业课教师要瞄准育人侧重点,将专业课程建设与专业人才培养联系起来,使"才"和"德"同步驱动,进而提升自身所授课程的政治站位和人文情感。为了确保"课程思政"改革的顺利进行,专业课教师必须看到专业知识背后所隐藏的价值理念,挖掘专业教育与价值教育同频共振的联结点,以培养中国特色社会主义现代化建设者和接班人为目标,将价值教育渗透在专业知识体系的各部分中,防止思想政治教育"贴标签"、专业教育与思想政治教育"两张皮"情况的发生。但是,在实际教育教学过程中,部分专业课教师没有瞄准育人侧重点,从而导致其重"才"不重"德",主要表现在以下两个方面:一方面,部分专业课教师固守知识本位的教学思维,没有打破传统专业课程"知识—教学"的对应关系,只守着自己的"一亩三分田",没有用马克思主义的道德观去教育和引导学生,对于人类社会发展及个人健康成长所需要的道德品德毫不关心。另一方面,部分专业课教师没能将社会主义核心价值观有效融入授课过程中。《高等学校课程思政建设指导纲要》强调培育和践行社会主义核心价值观的重要性,即"教育引导学生把国家、社会、公民的价值要求融为一体,提高个人的爱国、敬业、诚信、友善修养,自觉把小我融入大我,不断追求国家的富强、民主、文明、和谐和社会的自由、平等、公正、法治,将社会主义核心价值观内化为精神追求,外化为自觉行动"。社会主义核心价值观集我国优秀传统文化之精华,内含个人成才所需要的道德品质,部分专业课教师还没有找准社会主义核心价值观与自身所授课程的关联点和契合点,从而在社会主义核心价值观教育与专业知识传授之间出现了断层。

三、部分大学生对知识传授与价值引领的认识模糊

"培养什么样的人"是我国高等院校"课程思政"建设所要解决的重要问题。知识承载一定的价值,在我国高等院校,"课程知识既具有一般知识的'品性',也具有作为特定知识类型的独特'气质'。"虽然各门各类课程都具有自身独特的学科背景和知识体系,教学内容和教学目标呈现一定的差异,但是,无论这种差异有多大,都不影响其内在的育人功能。因此,除思想政治理论课程之外的其他课程必须坚持知识性与价值性相统一。然而,在实际的教育教学过程中,存在一种现象,即专业课教师在将价值观引导寓于知识传授和能力培养过程中做了很多努力和尝试,但是,部分大学生没有入脑入心,一个重要原因就是他们没有厘清知识与价值的关系。

一方面,价值引领是知识传授的依托所在。知识传授如果想发挥效用,就离不开一定的前提条件,这个前提条件就是价值引领。失去价值引领的知识传授就好比丧失灵魂的躯壳,失去了存在的根基。爱因斯坦曾经说过,如果仅靠知识和技巧,人类是不能获得幸福和有尊严的生活的。"人类完全有理由把高尚的道德标准和价值观的宣道士置于客观真理的发现者之上。"由此可见,知识传授首先是具有真理力量的,这种真理力量是知识传授的显性力量,而知识传授一旦被赋予了价值观和道德标准,就会发挥出内在的隐性力量,与显性力量一起,对大学生产生深刻影响。其一,知识传授依靠价值引领发挥作用。大学生通过课堂获得知识,那么学习到的知识该何去何从呢?这就需要价值的引领。价值引领能够解决知识的导向问题,大学生需懂得一个人的知识涵养离不开正确价值观

的支撑。知识不是冷冰冰的石头,是有温度的,如果大学生只是一味地追求专业知识的学习,不理会专业知识背后蕴含的价值观元素,那么,他学到的知识就没有发挥出真正的价值,自身就如同一只受过很好训练的狗,不能成为一个和谐发展的人。要想成为一个和谐的人,大学生必须意识到科学价值观的重要性,使其成为自身的内在品质,为知识的掌握增添价值底色。其二,知识传授通过价值引领不断发展。在知识大爆炸的时代,知识开发和更新的速度不断加快,既给大学生的学习生活带来了便利,也出现了一些亟待解决的问题。部分大学生误用、滥用学到的知识,在很大程度上为社会和国家的长治久安带来了威胁。面对这一问题,大学生需要认清知识背后的价值,学习知识是为科学谋发展、为社会谋进步、为人类谋幸福的,只有这样,知识才不会停滞不前,而是不断深化和发展。所以,在进行专业课的学习时,大学生需认同专业知识所蕴含的思政元素,专业课教师将专业知识蕴含的思政元素勘探出来,是为了对大学生进行价值观引导,使知识传授有温度,提升大学生的境界。大学生只有明确了价值引领对知识传授的作用,才能促进自身对专业知识的掌握和运用,推动知识传授向纵深发展。

另一方面,知识传授是价值引领的支撑所在。知识传授是价值引领的知识支撑。价值引领固然很重要,但是,脱离知识传授的价值引领将成为无源之水、无本之木,成为一味地说教,对于激发大学生的学习积极性是极为不利的。在"课程思政"建设过程中,专业课教师需以专业知识为立足点,在此基础上对大学生进行价值观引导,使知识的真理性为价值性引导提供客观的支撑,将抽象的价值观念转化为具体的行为方式,这样才能达到入脑入心的效果。在实际教学过程中,专业课教师很好地贯彻这一要求,但是,部分大学生的理解却出现了偏差,他们中的一部分人认为专业知识就是专业知识,价值观就是价值观,正确价值观的养成与学习专业知识没有必然联系。一个重要原因就在于他们没有认清知识传授对价值引领的基础性作用。其一,知识传授是价值引领的认识基础。知识传授是大学生获得专业性知识和价值观教育理论的主要方式,无论是专业性知识还是价值观教育理论,都是人们对客观世界形成的系统化的认知,只是表现形式略有差异。所以,只有学习了专业知识,才能客观、理性地看待世间万物,养成独立自主地思考、分析和解决问题的能力。所以,大学生需明确专业知识为价值引领奠定了认识基础,如果没有知识传授,价值引领就成为空谈。其二,价值引领通过知识传授升华思想。大学生的价值观是在具备一定认知能力的基础上生成的,所以,具备丰富的知识是科学价值观形成的基础。个体的认知水平是随着知识的增长而逐渐提升的,是价值观得以深化和升华的源泉。其实,归根到底,知识传授和价值引领的目的都在于为实践服务,大学生通过知识传授大开眼界、增长见识,为价值引领埋下了伏笔,但思想倾向和价值取向引领作用的发挥,都是基于对实际行动的指导和引领。大学生必须明确价值观念,只有具备了科学知识的支撑,才能凸显说服力,才能深刻地认识和体会价值引领的作用,从而自觉深化思想和价值指引,指导实践。

第五章
经管类专业课程思政的主要内容与目标要求

　　课程思政的本质是立德树人,核心点是全面提高人才培养能力。课程思政的内容是课程思政建设的核心,在构建课程思政的内容体系方面,《高等学校课程思政建设指导纲要》(下称《纲要》)提出,要围绕坚定学生理想信念,以爱党、爱国、爱社会主义、爱人民、爱集体为主线,围绕政治认同、家国情怀、文化修养、宪法法治意识、道德修养等重点内容优化课程思政内容供给。鉴于经济学科的特殊性,要实现经管类专业课程思政和思政课程同向同行,首先需要构建经济专业课程思政内容体系。为此,本章将围绕《纲要》提出的这五个方面,具体探讨经济思政中的目标要求与内容重点。

第一节
经管类专业课程思政与党的创新理论认同

一、党的创新理论有关论述

　　恩格斯说过:"一个民族想要站在科学的最高峰,就一刻也不能没有理论思维。"①科学理论是人类认识长期发展的总结,是在实践经验的基础上经过思维加

---

① 马克思、恩格斯.马克思恩格斯选集:第 3 卷[M].北京:人民出版社,1995:467.

工而形成的、具有严密逻辑结构的学说体系,能够正确揭示事物发展的内在规律,预见事物未来发展的趋势,因此实践是检验科学理论真理性的标准,也是科学理论产生发展的源泉和动力。思想是行动的先导,理论是实践的指南。任何一个理论要被人信服,既要能够回答时代话题、指导推动实践,也要有强大的精神特质和理论品格魅力。中国共产党始终把马克思主义这一科学理论作为自己的行动指南,始终站在时代前沿,将马克思主义理论与中国的实际相结合,在具体的实践中不断丰富和发展马克思主义,用中国的话语,总结出适合中国社会发展的中国化的马克思主义理论。改革开放以来,我们党根据世情、国情和党情的变化,进行了艰辛的理论探索,先后形成了包括邓小平理论、"三个代表"重要思想、科学发展观、习近平新时代中国特色社会主义思想在内的中国特色社会主义理论体系,这一理论体系既坚持了马克思主义理论的科学性、真理性,又体现出了时代性、创新性。习近平总书记在庆祝改革开放 40 周年大会讲话中深刻指出,"必须坚持马克思主义指导地位,不断推进实践基础上的理论创新","坚持理论联系实际,及时回答时代之问、人民之问,廓清困扰和束缚实践发展的思想迷雾,不断推进马克思主义中国化时代化大众化,不断开辟马克思主义发展新境界"。[①] 习近平新时代中国特色社会主义思想,从理论和实践结合上系统深入回答了时代之问,即新时代坚持和发展什么样的中国特色社会主义、怎样坚持和发展中国特色社会主义这一重大时代课题,不断引领时代前进,是马克思主义中国化最新成果,是当代中国马克思主义、21 世纪马克思主义,是党和国家必须长期坚持的指导思想。

我党的创新理论不是一蹴而就的,更不是脱离中国实际的空泛的理论阐释,而党的创新理论只有转化为指导实践、推动工作的思想武器才是有意义的。改革开放 40 多年来,中国特色社会主义展现出勃勃生机,无疑在于"马克思主义及其在中国的发展,为党和人民事业发展提供了既一脉相承又与时俱进的科学理

---

① 习近平,在改革开放40 周年大会上的讲话(2018 年 12 月 18 日),见 http://www.xinhuanet.com/2018 - 12/18/c_1123872025. htm.

论指导,为增进全党全国各族人民团结统一提供了坚实思想基础"①。不断创新的理论指导着中国现代化事业不断迈上新台阶、创造新奇迹。习近平新时代中国特色社会主义思想把马克思主义基本原理同新时代中国具体实际相结合,不断探索解答时代发展提出的新课题、回应人类社会面临的新挑战,提出许多具有原创性、时代性、指导性的重大思想观点,进一步丰富和发展了党的理论创新成果,是新时代中国共产党的思想旗帜,是国家政治生活和社会生活的根本指针,为实现中华民族伟大复兴提供了行动指南,为推动构建人类命运共同体贡献了智慧方案。

二、把党的创新理论融入经管类专业课程的目标要求与内容重点

推进高校经管类专业课程思政建设,必须深入学习贯彻习近平新时代中国特色社会主义思想,坚持不懈用习近平新时代中国特色社会主义思想铸魂育人,引导学生了解世情、国情、党情、民情,增强对党的创新理论的政治认同、思想认同、情感认同。

（一）在经管类专业课程中增强学生对党的创新理论的政治认同

推进经管类专业课程思政建设,必须在思想上深刻领会习近平新时代中国特色社会主义思想,以党的创新理论滋养初心、引领使命,首先在于理解其时代意义,即时代之新。新时代催生新思想,新思想引领新时代。党的十九大报告指出,实践没有止境,理论创新也没有止境。世界正经历百年未有之大变局,中国正处于实现中华民族伟大复兴关键时期,必须跟上时代的发展变革,不断认识规律,不断推进理论创新、实践创新、制度创新、文化创新以及其他各方面创新,这也是党的十八大以来实践创新、理论创新的现实写照。我国已进入新的发展阶段,发展环境、发展条件和目标任务都发生了新的变化;全面建成小康社会已如期实现,开启了全面建设社会主义现代化国家的新征程;科学社会主义在 21 世纪的中国焕发出强大生机活力,中国前所未有地走近世界舞台中央。

---

① 习近平,在庆祝中国共产党成立 95 周年大会上的讲话（2016 年 7 月 1 日）,见 http://cpc.people.com.cn/nl/2016/0702/c64093 - 28517655.html.

在经管类专业课程中融入思想政治教育极其重要,任课教师应在传授知识的过程中,重视立德树人教育,引导学生了解世情、国情、党情、民情,通过摆事实、讲道理,引导学生批判性、客观地学习西方文化,取其精华,去其糟粕,帮助学生全面客观认清西方文化中积极进步科学的内容,抛弃消极负面引人误入歧途的内容。事实不断证明,早先西方宣称的所谓"历史的终结"和"社会主义的失败"并没有发生,我们正在见证科学社会主义的蓬勃生机。党的十八大以来,习近平总书记在不同场合强调,今天,我们比历史上任何时期都更接近中华民族伟大复兴的目标,比历史上任何时期都更有信心、有能力实现这个目标。这些令人鼓舞的事实都有助于帮助学生理解并增加对党的创新理论的政治认同。

(二)在经管类专业课程中增强学生对党的创新理论的思想认同

党的十八大以来,习近平总书记不断强调的一点就是理想信念。在庆祝中国共产党成立95周年大会上,习近平总书记指出:"理论上清醒,政治上才能坚定。坚定的理想信念,必须建立在对马克思主义的深刻理解之上。"

推进经管类专业课程思政建设,加强党的创新理论武装,必须深刻认识到习近平新时代中国特色社会主义思想是马克思主义中国化最新成果,是中国特色社会主义理论体系的重要组成部分,是中国共产党在长期的事业发展进程中逐渐摸索思考的结果,既与马克思主义一脉相承又与时俱进。以崭新的思想内容丰富和发展马克思主义,开辟了马克思主义中国化新境界,让马克思主义在当代展现出更强大、更有说服力的真理力量,对共产党执政规律、社会主义建设规律、人类社会发展规律的认识达到了新高度。实践是理论之源,实践观点也是马克思主义哲学的核心观点。伟大的实践,催生伟大的理论;伟大的理论,指导伟大的实践。习近平新时代中国特色社会主义思想植根于坚持和发展中国特色社会主义新的伟大实践,推动党和国家事业取得历史性成就、发生历史性变革。

坚持以习近平新时代中国特色社会主义思想为指导,解决了许多长期想解决而没有解决的难题,办成了许多过去想办而没有办成的大事。为解决农村贫困人口脱贫问题,习近平新时代中国特色社会主义思想创造性地提出精准扶贫精准脱贫基本方略,使脱贫攻坚取得决定性进展,创造了全球减贫奇迹;针对我国生态文明建设水平总体滞后的问题，习近平新时代中国特色社会主义思想创造性地提出"绿水青山就是金山银山"理念，天更蓝、山更绿、水更清，人民群众生活环境更美，环境获得感更足，美丽中国新画卷正在神州大地徐徐铺展。在推进经管类专业课程思政过程中，通过深挖教材，找到与思想政治教育相结合的切入点，介绍伟大成就和变革，可以帮助学生更好了解中国现状，增加青年学生对党的创新理论的思想认同。

（三）在经管类专业课程中增强学生对党的创新理论的情感认同

当今世界正处于百年不遇的大发展大变革大调整时期。习近平新时代中国特色社会主义思想顺应和平、发展、合作、共赢的时代潮流，把当代中国在中国特色社会主义道路上建设现代化的积极探索和宝贵经验，加以理论化、系统化，形成了既坚持马克思主义基本原理，又具有中国特色的一整套思想价值话语体系，提出了一系列关乎人类前途命运的新理念新主张，推动构建相互尊重、公平正义、合作共赢的新型国际关系和人类命运共同体，致力于对话而不对抗、结伴而不结盟的国与国交往新路，为世界和平与发展做出重大贡献，凸显了中国的大国风范与责任担当。习近平新时代中国特色社会主义思想是推动构建人类命运共同体，主张各国相互尊重、平等相待、和而不同、合作共赢，倡导各国人民同心协力建设持久和平、普遍安全、共同繁荣、开放包容、清洁美丽的世界，这既反映人类社会共同价值追求，汇聚世界各国人民对和平、发展、繁荣向往的最大公约数，也是中国对世界和平发展、繁荣进步所贡献的中国智慧。共建"一带一路"是我国参与全球开放合作、改善全球经济治理体系、促进全球共同发展繁荣、推动构建人类命运共同体的中国方案。这些中国概念的提出，就是基于对中国特色社会主义的道路、理论、制度，对中华优秀传统文化充满自信。

党的十九大报告指出："文化自信是一个国家、一个民族发展中更基本、更深沉、更持久的力量。"在坚持创造性转化、创新性发展的基础上，传承和发扬中华优秀传统文化，是文化繁荣兴盛和民族伟大复兴的基础。在经管类专业课程中推进课程思政建设，就是在经管类专业课程教学过程中，结合教学内容，引导学生了解这些产生日益广泛而深远的国际影响的中国方案、中国智慧，通过国外主流媒体视角,了解中国已经取得的全方位的、开创性的成就和正在发生的深层次、根本性的历史性变革,感受中国的国际影响力和习近平新时代中国特色社会主义思想的巨大理论魅力。通过阅读、讲解、讨论等方式对比中西文化,帮助学生客观了解、分析和解读西方文化,理解中西文化差异,同时也有助于学生更深刻地认识中国、了解中国,更好地用经济传递中国声音、讲好中国故事,不断提高思想觉悟和文化认同感,增强对中华民族优秀文化的自信,增强对党的创新理论的情感认同。

第二节 经管类专业课程思政
与培育和践行社会主义核心价值观

一、经管类专业课程思政培育和践行社会主义核心价值观的重要性

"国无德不兴,人无德不立。如果一个民族、一个国家没有共同的核心价值观,莫衷一是,行无依归,那这个民族、这个国家就无法前进。"①核心价值观是一国之"维"和一国之"纲",承载着一个民族、一个国家的精神追求,体现着一个社会评判是非曲直的价值标准。社会主义核心价值观中的"富强、民主、文明、和谐,自由、平等、公正、法治,爱国、敬业、诚信、友善"短短二十四字,从国家、社会和个人层面回答了要建设什么样的国家、建设什么样的社会、培育什么样的公民等重大问题,规范了价值要求。培育和践行社会主义核心价值观是从新时代坚持和发展中国特色社会主义、实现中华民族伟大复兴的中国梦的战略高度,凝聚改革共识、推进改革进程、促进民族振兴的重大战略思想。一个民族的文明进步,一个国家的发展壮大,需要一代又一代人的接力努力,需要很多力量来推动,

---

① 习近平,青年要自觉践行社会主义核心价值观—在北京大学师生座谈会上的讲话(2014 年 5 月 4 日),见 http://www.xinhuanet.com//politics/2014-05/05/c_1110528066.htm.

核心价值观是其中最持久最深沉的力量。① 习近平总书记高度重视培育和践行社会主义核心价值观问题,先后发表了《培育和践行社会主义核心价值观》《青年要自觉践行社会主义核心价值观》《从小积极培育和践行社会主义核心价值观》等一系列重要讲话,对积极培育和有效践行社会主义核心价值观做出了明确指示。"要把坚定理想信念作为党的思想建设的首要任务。"②习近平总书记在党的十九大报告中不仅把培育和践行社会主义核心价值观作为新时代中国特色社会主义文化建设的核心内容,而且强调要强化教育引导,发挥社会主义核心价值观对国民教育、精神文明创建、精神文化产品创作生产传播的引领作用。③ 中共中央办公厅印发《关于培育和践行社会主义核心价值观的意见》指出:"培育和践行社会主义核心价值观要从小抓起、从学校抓起。坚持育人为本、德育为先,围绕立德树人的根本任务,把社会主义核心价值观纳入国民教育总体规划,贯穿于基础教育、高等教育、职业技术教育、成人教育各领域,落实到教育教学和管理服务各环节,覆盖到所有学校和受教育者,形成课堂教学、社会实践、校园文化多位一体的育人平台,不断完善中华优秀传统文化教育,形成爱学习、爱劳动、爱祖国活动的有效形式和长效机制,努力培养德智体美劳全面发展的社会主义建设者和接班人。适应青少年身心特点和成长规律,深化未成年人思想道德建设和大学生思想政治教育,构建大中小学有效衔接的德育课程体系和教材体系,创新中小学德育课和高校思想政治理论课教育教学,推动社会主义核心价值观进教材、进课堂、进学生头脑。完善学校、家庭、社会三结合的教育网络,引导广大家庭和社会各方面主动配合学校教育,以良好的家庭氛围和社会风气巩固学校教育成

---

① 习近平,在北京市海淀区民族小学主持召开座谈会时发表重要讲话(2014 年 5 月 30 日),见 http://www.xinhuanet.com/politics/2016-12/08/c_129395314.htm.

② 习近平,决胜全面建成小康社会夺取新时代中国特色社会主义伟大胜利—在中国共产党第十九次全国代表大会上的报告,见 http://cpc.people.com.cn/19th/nl/2017/1027/c414395-29613458.html?from=groupmessage & isappinstalled=0.

③ 习近平,决胜全面建成小康社会夺取新时代中国特色社会主义伟大胜利—在中国共产党第十九次全国代表大会上的报告(2017 年 10 月 28 日),见 http://cpc.people.com.cn/19th/nl/2017/1027/c414395-29613458.html? from=groupmessage & isappinstalled=0.

果,形成家庭、社会与学校携手育人的强大合力。"①培育和践行社会主义核心价值观,学校教育是教育路径的重中之重。高等学校作为培养社会主义事业建设者和接班人的重要阵地,应把培育和践行社会主义核心价值观作为新时期社会主义大学的重要使命。坚持德才兼修。把立德树人的成效作为检验学校一切工作的根本标准,加强理想信念教育,厚植爱国主义情怀,把社会主义核心价值观教育融入教育教学全过程各环节,全面落实到质量标准、课堂教学、实践活动和文化育人中,帮助学生正确认识历史规律、准确把握基本国情,掌握科学的世界观、方法论。深入开展道德教育和社会责任教育,引导学生养成良好的道德品质和行为习惯,崇德向善、诚实守信,热爱集体、关心社会。② 核心价值观是文化软实力的灵魂、文化软实力建设的重点。这是决定文化性质和方向的最深层次要素。一个国家的文化软实力,从根本上说,取决于其核心价值观的生命力、凝聚力、感召力。培育和弘扬核心价值观,有效整合社会意识,是社会系统得以正常运转、社会秩序得以有效维护的重要途径,也是国家治理体系和治理能力的重要方面。历史和现实都表明,构建具有强大感召力的核心价值观,关系社会和谐稳定,关系国家长治久安。③ 教育部印发的《高等学校课程思政建设指导纲要》指出,文学等专业课程要在课程教学中帮助学生掌握马克思主义世界观和方法论,从历史与现实、理论与实践等维度深刻理解习近平新时代中国特色社会主义思想,要结合专业知识教育引导学生深刻理解社会主义核心价值观,自觉弘扬中华优秀传统文化、革命文化、社会主义先进文化。经管类专业课程思政包含专业课和公共课,具有受众范围广、听课人数多、持续时间长等特点,在课堂中传播社会主义核心价值观起着重要作用。经管专业教师需要切实把社会主义核心价值观贯穿课程教学的全方面,通过教育引导、文化熏陶、实践养成等,帮助青年学生内

---

① 中共中央文献研究室编.十八大以来重要文献选编(上)[M].北京:中央文献出版社,2014:580.

② 教育部关于加快建设高水平本科教育全面提高人才培养能力的意见,见 http://www. moe. gov. cn/srcsite/A08/s7056/201810/t20181017_351887. html.

③ 习近平,在主持中共中央政治局第十三次集体学习时发表的讲话(2014 年 2 月 24 日),见 http:// www. xinhuanet. com/politics/2016 - 12/08/c_129395314. htm.

化社会主义核心价值观为精神追求,外化为自觉行动。经管专业教师要悉心教育青年、引导青年,做青年学生的引路人。这就要求教师要坚持关心厚爱和严格要求相统一、尊重规律和积极引领相统一,教育引导青年正确认识世界,全面了解国情,把握时代大势。教师既要理解青年所思所想,为他们驰骋思想打开浩瀚天空,也要积极教育。把青年一代培养造就成德智体美劳全面发展的社会主义建设者和接班人,是事关党和国家前途命运的重大战略任务,这也是全体教师的共同责任。① 新时代中国青年要锤炼品德修为。人无德不立,品德是为人之本。止于至善,是中华民族始终不变的人格追求。我们要建设的社会主义现代化强国,不仅要在物质上强,更要在精神上强。精神上强,才是更持久、更深沉、更有力量的。青年要把正确的道德认知、自觉的道德养成、积极的道德实践紧密结合起来,不断修身立德,打牢道德根基,在人生道路上走得更正、走得更远。面对复杂的世界大变局,要明辨是非、恪守正道,不人云亦云、盲目跟风。新时代中国青年要自觉树立和践行社会主义核心价值观,善于从中华民族传统美德中汲取道德滋养,从英雄人物和时代楷模的身上感受道德风范,从自身内省中提升道德修为,明大德、守公德、严私德,自觉抵制拜金主义、享乐主义、极端个人主义、历史虚无主义等错误思想,追求更有高度、更有境界、更有品位的人生,让清风正气、蓬勃朝气遍布全社会!②

二、把社会主义核心价值观融入经管类专业课程的目标要求和内容重点

核心价值观的养成绝非一日之功,要坚持由易到难、由近及远,努力把核心价值观的要求变成日常的行为准则,进而形成自觉奉行的信念理念。因此在经管类专业课程中培育和践行社会主义核心价值观是一项必要且长期的过程。无论什么时候,我们都要坚守在中国大地上形成和发展起来的社会主义核心价值

---

① 习近平,在纪念五四运动 100 周年大会上的讲话(2019 年 4 月 30 日),见 http://www.ccps.gov. cn/xxsxk/zyls/201906/t20190604_132081. shtml.

② 习近平,在纪念五四运动 100 周年大会上的讲话(2019 年 4 月 30 日),见 http://www.ccps.gov. cn/xxsxk/zyls/201906/t20190604_132081. shtml.

观,在时代大潮中建功立业,成就自己的宝贵人生。① 在社会主义核心价值观中,最深层、最根本、最永恒的是爱国主义。② 爱国主义是我们民族精神的核心,是中华民族团结奋斗、自强不息的精神纽带。我们要培养的是社会主义建设者和接班人,必须树立共产主义远大理想和中国特色社会主义共同理想,必须具有爱国情怀。新时代中国青年要热爱伟大祖国。孙中山先生说,做人最大的事情,就是要知道怎么样爱国。一个人不爱国,甚至欺骗祖国、背叛祖国,那在自己的国家、在世界上都是很丢脸的,也是没有立足之地的。对每一个中国人来说,爱国是本分,也是职责,是心之所系、情之所归。对新时代中国青年来说,热爱祖国是立身之本、成才之基。当代中国,爱国主义的本质就是坚持爱国和爱党、爱社会主义高度统一。③ 全面推进经管类专业课程思政建设,就是在经管类专业课程教学过程中,寓价值塑造于知识传授和能力培养之中,帮助学生塑造正确的世界观、人生观、价值观,这是人才培养的应有之义,更是必备内容。这一战略举措,影响甚至决定着接班人问题,影响甚至决定着国家长治久安,影响甚至决定着民族复兴和国家崛起。④ 核心价值观教育必须符合青年学生的内在需要,只有与青年学生的需要和利益相契合的核心价值观教育,才会被其主动和建构性接受。唯有打动内心,青年学生才会积极接受和认同,进而自觉维护和捍卫。要真正感染、鼓舞和引导学生,经管专业教师首先要有明确的教学目标,在课程中进行专业知识的学习与思想教育,要善于挖掘经管类专业课程中的思想政治教育资源,选材恰当,找到从根本上体现核心价值观的要义,通过经济学科中的人文教育、跨文化素养、批判性思维、中西文化对比等,用通俗易懂的语言和青年学生喜欢的方式,

---

① 习近平,在北京大学师生座谈会上的重要讲话(2014 年 5 月 4 日),见 http://www. xinhuanet. com/politics/2016 – 12/08/c_129395314. htm.

② 习近平,在文艺工作座谈会上的重要讲话(2014 年 10 月 15 日),见 http://www. xinhuanet. com/politics/2016 – 12/08/c_129395314. htm.

③ 习近平,在纪念五四运动 100 周年大会上的讲话(2019 年 4 月 30 日 http://www. ccps. gov. cn/xx-sxk/zyls/201906/t20190604_132081. shtml.

④ 高等学校课程思政建设指导纲要,见 http://www. moe. gov. cn/srcsite/A08/s7056/202006/t20200603_462437. html.

融入、服务、引导学生的思想和学习,将思想教育融入教学活动,通过启发、引领和活用各种教学方法,通过适应青年学生的心理需要和成长诉求的教育方式,润物无声、和风细雨地表达对青年学生最大的期盼与要求,促进青年学生深入思考,避免价值观教育成为僵硬的灌输和苍白的教条。经管专业教师需要找到教学目标与经济思政教育之间的契合点,深挖主干教材与经济思政教育之间的互补点,完成课程既定教学目标的同时使得经济思政教育课堂效用最大化。通过提升学生的综合应用能力、跨文化交际能力,帮助学生用批判性眼光看待西方文化及核心价值,树立社会主义核心价值观,增强文化自信。

　　教师在课堂内外关心学生群体和个体的成长,也是经管类专业课程思政的应有之义。教师在教学活动中所展现出来的治学精神和人生态度,对学生有着莫大的影响,是经管类专业课程思政最见成效的方式。[①] 因此,教师在教学中应当渗透价值塑造。从学生的视角看,教师为讲每一节课所做出的各种准备,为讲好每一节课所做出的种种努力、精心设计的教学活动、严谨认真的教学态度、严格守时的时间观念、深入浅出的课程讲解、积极乐观的生活态度等,都是社会主义核心价值观在经管类专业课程中的具体体现,都会对学生产生潜移默化的影响。青年学生思想活跃、思维敏捷、观念新颖、兴趣广泛,探索未知劲头足,接受新生事物快,主体意识、参与意识强,赋有活力、激情、想象力和创造力,但也因阅历不广,容易从自身角度、从理想状态的角度来认识和理解世界,难免有局限性。经管专业教师要尊重青年成长的规律,经常到青年学生中去,同青年学生零距离接触、面对面交流,在平等沟通和交流基础上,了解青年学生生活变化的新节奏,了解青年学生生活变化的新信息,了解他们的思想动态、价值取向、行为方式、生活方式,才能使社会主义核心价值观教育深入人心。

---

　　① 高等学校课程思政建设指导纲要,见 http://www. moe. gov. cn/srcsite/A08/s7056/202006/t20200603_462437. html.

第三节　经管类专业课程思政
与中华优秀传统文化传承

　　经济学在当代社会常被认为是"显学",这一观点为我们的人才培养营造了浮躁的氛围。例如,很多人会忽略经济学的科学性,而把一些经验式的总结奉为圭臬,却不知道其适用边界和范围在哪里,继而导致错用、误用或泛用,这可能会给社会、国家造成很大危机。

　　伴随经济社会的快速发展和经济结构的调整与转型,我们要培养的经济学相关专业人才,不仅需要具有扎实的经济学知识基础,而且需要具备综合考虑政治和经济、现实和历史、物质和文化、发展和民生、资源和生态、国内和国际等多方面因素的能力,必须具备与社会经济发展相适应的知识、技能、观念和心理素质,不仅要有知识,更要有文化;不仅要有智慧,更要有担当;不仅要有情怀,更要有胸怀;不仅要关注中国,更要关注世界、关心全人类;不仅要融入、参与国际事务,更要影响、引领国际事务,才能更好地为国家、为世界、为人类的进步作出贡献。

　　在这样的条件下,坚守本心、潜心静气,充分发掘人的潜能,是经济学科人才培养更需要关注的问题。经济学科课程思政工作,应该以全局观和整体观为指导,融合各类资源,促进交叉,构建以学生成长为中心的教育综合体,促使学生在身体、知识、技能、道德全面发展。

　　作为经管类课程专业教师,首先有必要认识经管类专业课程中的社会文化因素。关于社会文化,有不同的分类,如"大文化""小文化""物质文化""精神文化"和"语言文化""非语言文化"之分等。我们这里说的社会文化采用的是大文化概念,当然也包括物质文化和精神文化、以语言为载体和不以语言为载体的文化。经济教学中有必要对中外不同文化进行对比,比如可以通过实例去展示不同的文化现象。以物质文化为例：印度人用手抓饭，女人穿纱丽；中国人惯用筷子，女人喜欢穿旗袍，这都是不同民族物质文化的表现。相比而言，精神文化更多的是人们的意识形态集中起来的价值观念、思想道德、法律条例和审美意趣等。比如中国人历来崇尚"和而不同""以和为贵""己所不欲，勿施于人"的理念，有些西方国家则不认同我们的文化信念。

另外，经管专业教师还要注意引导学生学习中国特色文化术语和政治话语的官方表达，要明确经管类专业课程中的社会文化因素，重视挖掘经管类专业课程中的社会文化因素，培养经管专业学生的批判思维精神。

一、中华优秀传统文化教育系统融入经管类专业课程的意义

（一）中华优秀传统文化的思想精华和时代价值

中华传统文化是中华民族在五千多年的社会实践中形成的思想理念、传统美德和人文精神的集合，体现出中华民族特有的思维方式和精神标识。中华优秀传统文化已经深深地融入每一个黄皮肤黑头发的中国人的血脉里，构成了整个中华民族强大的文化基因。2014 年 2 月 24 日，习近平总书记在中共中央政治局第十三次集体学习时的讲话中指出："中华文化源远流长，积淀着中华民族最深层的精神追求，代表着中华民族独特的精神标识，为中华民族生生不息、发展壮大提供了丰厚滋养。中华传统美德是中华文化精髓，蕴含着丰富的思想道德资源。"[1]中华优秀传统文化的思想精华犹如一颗颗明珠散落在五千年的历史文化长河之中，概而言之，主要包括以天下兴亡、匹夫有责为重点的家国情怀；以仁爱共济、立己达人为重点的社会关爱；以正心笃志、崇德弘毅为重点的人格修养[2]。我们要"教育引导学生深刻理解中华优秀传统文化中讲仁爱、重民本、守诚信、崇正义、尚和合、求大同的思想精华和时代价值，教育引导学生传承中华文

---

① 习近平在十八届中共中央政治局第十三次集体学习时的讲话，见 http://www.gov.cn/ldhd/2014 –02/25/content_2621669.htm.

② 教育部.完善中华优秀传统文化教育指导纲要：教社科［2014］3 号. 见 http://www.gov.cn/xin-wen/2014 –04/01/content_2651154.htm.

脉,富有中国心、饱含中国情、充满中国味"①。这些集中体现了中华民族优秀而独特的思想精华和道德精髓具有永不褪色的教育意义和时代价值。加强对大学生的中华优秀传统文化教育,要以弘扬爱国主义精神为核心,以家国情怀教育、社会关爱教育和人格修养教育为重点,着力完善大学生的道德品质,培育理想人格,提升政治素养。② 总之,我们中国传统文化应该取其精华,去其糟粕,发挥中华优秀传统文化作为涵养社会主义核心价值观的重要源泉之作用。

中华优秀传统文化还体现在几千年来所有的文学家、艺术家所创作的一切优秀作品上。"在每一个历史时期,中华民族都留下了无数不朽作品。从诗经、楚辞、汉赋,到唐诗、宋词、元曲、明清小说等,共同铸就了灿烂的中国文艺历史星河。"③"要认真汲取中华优秀传统文化的思想精华和道德精髓,大力弘扬以爱国主义为核心的民族精神和以改革创新为核心的时代精神,深入挖掘和发挥中华优秀传统文化讲仁爱、重民本、守诚信、崇正义、尚和合、求大同的时代价值,使中华优秀传统文化成为涵养社会主义核心价值观的重要源泉。"④由此可见,中华优秀传统文化的思想精华与社会主义核心价值观是一体的,要弘扬和培育社会主义核心价值观就必须立足于中华优秀传统文化。经管专业教师在经管类专业课程教学过程中要让青年学子充分认识到中华传统文化的博大精深、源远流长,使其在继承中华优秀传统文化的基础上,增强文化自信,向世界介绍中国、传播中华文化,将中华文化进一步发扬光大。

(二)经管类专业课程加强中华优秀传统文化教育的重要性和紧迫性

我们在经济管理相关专业中开设了一系列的文化类课程,介绍西方的物质文化、制度习俗和其他各层面的精神文化,目的是培养具有国际视野、懂国际规

---

① 教育部.高等学校课程思政建设指导纲要:教高[2020]3 号.见 http://www. moe. gov. /srcsite/A08/s7056/202006/t20200603462437. htm.

② 教育部.完善中华优秀传统文化教育指导纲要:教社科[2014]3 号.见 http://www. gov. cn/xin-wen/2014 – 04/01/content_2651154. htm 04/01/content_2651154. htm.

③ 习近平.习近平谈治国理政:第二卷[M].北京:外文出版社,2017:350.

④ 习近平在十八届中共中央政治局第十三次集体学习时的讲话,见 http://www. gov. cn/ldhd/2014 –02/25/content_2621669. htm.

则的经济人才。但是,对于源语文化,即中国文化的表达,基本上仍处于边缘化的状态,尚未得到应有的重视。但是在经济学的文化介绍和交流中,针对其他国家文化的介绍和讲解较多,而对本民族文化表达的深入分析和讲解较少。教师和学生对向外输出、宣传、弘扬本民族优秀文化的能力比较欠缺。

　　由此可见,在新形势下把中华优秀传统文化教育系统融入经管类专业课程具有非常重要的意义,其重要性和紧迫性主要体现在以下几点:其一,加强中华优秀传统文化教育,是深化中国特色社会主义教育和中国梦宣传教育的重要组成部分。在经管类专业课程中融入中华优秀传统文化教育,对于引导大学生更加全面准确地认识中华民族的历史传统、文化积淀、基本国情,认清中国特色社会主义的历史必然性,坚定走中国特色社会主义道路、实现中华民族伟大复兴中国梦的理想信念,具有重大而深远的历史意义。其二,加强中华优秀传统文化教育,是构建中华优秀传统文化传承体系,推动文化传承创新的重要途径。当今世界,文化软实力的竞争在综合国力竞争中的地位和作用更加凸显,博大精深的中华优秀传统文化是我们在世界文化激荡中站稳脚跟的根基。加强对大学生的中华优秀传统文化教育,对于培养中华优秀传统文化的继承者和弘扬者,推动文化传承创新,建设社会主义先进文化具有基础作用。其三,加强中华优秀传统文化教育,是培育和践行社会主义核心价值观,落实立德树人根本任务的重要基础。世界多极化深入发展,国内经济社会转轨转型,深刻变革,世界范围内各种思想文化的交流交融交锋更加频繁,社会思想观念日益活跃。新时代大学生的思想表现活跃,但易受社会上一些不良思想倾向和道德行为的影响。加强中华优秀传统文化教育,对于引导大学生增强民族文化自信和价值观自信,自觉践行社会主义核心价值观具有重要作用。其四,加强中华优秀传统文化教育,必须正视面临的一系列困难和挑战。面对新形势、新要求,中华优秀传统文化教育还存在不少突出问题,对中华优秀传统文化教育重要性的认识有待进一步提高,教育内容的系统性、整体性还明显不足,重知识讲授、轻精神内涵阐释的现象还比较普遍,课程和教材体系有待完善,教师队伍整体素质有待提升,全社会共同参与的教育合力有待加强等,有效解决这些问题,迫切需要进一步完善中华优秀传统文化教育。

三、经管类专业课程思政加强中华优秀传统文化教育的目标要求与内容重点

(一)经管类专业课程思政加强中华优秀传统文化教育的指导方针

既然加强中华优秀传统文化教育如此重要且任务紧迫,那么开展此项工作应达到什么具体目标要求呢?习近平总书记在谈到这个问题时强调:"对历史文化特别是先人传承下来的价值理念和道德规范,要坚持古为今用、推陈出新,有鉴别地加以对待,有扬弃地予以继承,努力用中华民族创造的一切精神财富来以文化人、以文育人。"①我们可以将总书记的观点总结为24字方针:"古为今用、推陈出新、取其精华、去其糟粕、以文化人、以文育人。"并以此作为我们培育和弘扬中华优秀传统文化的指导方针。

(二)经管类专业课程思政加强中华优秀传统文化教育的目标要求和指导原则

经管类专业课程思政教学设计除了要把握好这个总的指导方针外,对文化内容的导入还要注意一些原则(如实用性原则、阶段性原则、适合性原则)和方法(如注解法、融合法、实践法、比较法等)。"以文化人、以文育人"即是说要坚持知识传授和价值引领相统一、显性教育和隐性教育相统一的原则。在充分发挥学校思政理论课重要作用的同时,经管专业教师要用好隐性教育渠道,挖掘各类专业课程中蕴含的思政教育元素,达到春风化雨、润物无声的育人效果。大学阶段,以提高学生对中华优秀传统文化的自主学习和探究能力为重点,培养学生的文化创新意识,增强学生传承弘扬中华优秀传统文化的责任感和使命感。

四、经管类专业课程思政加强中华优秀传统文化教育的内容重点

教育部《高等学校课程思政建设指导纲要》关于加强中华优秀传统文化教育明确提出了内容重点,即大力弘扬以爱国主义为核心的民族精神和以改革创新为核心的时代精神,教育引导学生深刻理解中华优秀传统文化中讲仁爱、重民

---

① 习近平在十八届中共中央政治局第十三次集体学习时的讲话,见 http://www.gov.cn/ldhd/2014 - 02/25/content_2621669.htm.

本、守诚信、崇正义、尚和合、求大同的思想精华和时代价值,教育引导学生传承中华文脉,富有中国心、饱含中国情、充满中国味。在实践中,这些内容可以凝练为两个方面:围绕坚定文化自信讲好中国故事,以及强化人类命运共同体信念。

(一)经管类专业课程思政要坚定文化自信讲好中国故事

党的十八届五中全会指出,实现"十三五"发展目标,要提升国家文化软实力,加强文化自信,增强文化自觉。习近平总书记对文化自信进行了论述:"文化是一个国家、一个民族的灵魂。历史和现实都表明,一个抛弃了或者背叛了自己历史文化的民族,不仅不可能发展起来,而且很可能上演一幕幕历史悲剧。文化自信,是更基础、更广泛、更深厚的自信,是更基本、更深沉、更持久的力量。坚定文化自信,是事关国运兴衰、事关文化安全、事关民族精神独立性的大问题。没有文化自信,不可能写出有骨气、有个性、有神采的作品。"[1]长期以来,我们的教育重教轻育,重知识传授、轻文化价值观塑造的倾向也在不同程度地蔓延。高校是培养大学生文化自信的主要阵地,但这一阵地的工作者不应局限于思政课程教师,经管专业教师也可以并肩作战,有所作为。在全球化语境下,经管专业教师要引导学生在相关经济领域专业习得的基础上培养对中华文化和文明的自觉,坚定文化自信。习近平总书记在2018年8月21日召开的全国宣传思想工作会议中指出:"做好新形势下宣传思想工作,必须自觉承担起举旗帜、聚民心、育新人、兴文化、展形象的使命任务。展形象,就是要推进国际传播能力建设,讲好中国故事、传播好中国声音,向世界展现真实、立体、全面的中国,提高国家文化软实力和中华文化影响力。"[2]要向世界展现真实、立体、全面的中国,提高国家文化软实力和中华文化影响力就要从讲好中国故事开始。要向世界各国人民推介中华优秀传统文化,澄清各国人民对中国的模糊认识,增进文化交流和文化认同,只有这样,才能把中国故事讲得越来越精彩,中国声音传播得越来越响亮。

① 习近平.习近平谈治国理政:第二卷[M].北京:外文出版社,2017:349.
② 刘凤敏.肩负起新形势下宣传思想工作的使命任务[N/OL].(2018-08-23)[2023-04-13].http://news.cyol.com/content/2018-08/23/content_17511001.htm.

季羡林在《东方文化集成》总序中建议,"今天,在拿来主义的同时,我们应该提倡'送去主义',而且应该定为重点,为了全体人类的福利,为了全体人类的未来,我们有义务要送去的,但我们绝不会把糟粕和垃圾送给西方。我们要送给西方的就是这种我们文化中的精华"①。随着"一带一路"的实施,我们在积极推动中华优秀传统文化"走出去"方面取得了一系列丰硕成果。到目前为止,我们建立了为数众多的孔子学院和海外中国文化中心,主办了形式多样的书展、电影节、"中国文化年""中国文化周"等品牌活动,这些均有力助推了中华优秀传统文化在国际上的传播。

(二)经管类专业课程思政要强化人类命运共同体信念

"人类命运共同体主要是指国家间层面的具有平等性、共赢性、安全性和包容性的人类集体组织。"②党的十八大以来,习近平总书记在多个场合论述了构建人类命运共同体的信念。2013 年 3 月,他在莫斯科国际关系学院演讲时提到:"这个世界,各国相互联系、相互依存的程度空前加深,人类生活在同一个地球村里,生活在历史和现实交汇的同一个时空里,越来越成为你中有我、我中有你的命运共同体。"2015 年 9 月,他在纽约联合国总部出席第七十届联合国大会一般性辩论时发表重要讲话,指出:"我们要继承和弘扬联合国宪章的宗旨和原则,构建以合作共赢为核心的新型国际关系,打造人类命运共同体。"打造人类命运共同体的主要内容是,要建立平等相待、互商互谅的伙伴关系,营造公道正义、共建共享的安全格局,谋求开放创新、包容互惠的发展前景,促进和而不同、兼收并蓄的文明交流,构筑尊崇自然、绿色发展的生态体系。和平与发展是当今世界的主题,但世界并不太平。战争的阴影、恐怖袭击的威胁、全球变暖的危害、贸易保护主义的盛行等世界性问题依然存在,人类命运共同体思想正是中国面对世界性问题所作出的"中国诊断"、所提出的"中国方案"。构建人类命运共同体不仅是

---

① 转引自刘烜.评季羡林先生的重要文化思想——从"拿来主义"到"送去主义"[J].中国文化研究,2001(3):55-60.

② 郭海龙,汪希.习近平人类命运共同体思想的生成、价值和实现[J].邓小平研究,2016(3):40.

当今世界的重要命题,也是经济教育者的时代责任和担当。新时代的经济教育应助力构建人类命运共同体,我们要努力发展经管专业学生的全球胜任力。这种胜任力不仅是语言沟通能力,更是从多个角度审视、分析、理解、评判并积极回应全球和跨文化议题的能力,还包括要了解不同观念产生的历史地理和社会文化原因,理解差异性对认知能力以及元认知策略的影响,与不同文化背景的人进行开放、恰当、有效互动的人文交流与合作的能力。教育的原点是人的教育,面向构建人类命运共同体的经管专业教育需要培养具有中国情怀、国际视野和跨文化沟通能力的人。在素质方面,经管专业学生应该树立正确的世界观、人生观和价值观,具备良好的道德品质和崇高的社会责任感,具有开阔的国际视野和热切的中国情怀,养成深厚的人文科学素养、敏锐的开拓创新意识和诚挚的团队合作精神。在能力方面,经管专业学生应该具有体悟不同国家与民族文化的能力和开展跨文化商务交流的能力。在知识方面,经管专业学生不仅要系统掌握专业知识,还要了解一定的哲学、艺术、文化知识,以及经济社会发展各领域的专门知识。在构建人类命运共同体的新时代,我国的教育应致力于培养高规格、高质量的复合型经济人才。2018 年 9 月 10 日,习近平总书记在全国教育大会上指出,教育的根本问题是培养什么人、怎样培养人、为谁培养人,我们要把坚持立德树人作为根本任务。回到教育本身,其根本任务就是要为国家培养大批德才兼备、博专结合、厚基强能和具有全球视野、中国情怀、人文精神、经济特长的优秀高素质人才。

第四节
经管类专业课程思政与宪法法治意识培养

一、法治教育与习近平总书记关于全面依法治国重要论述

中国古人云:"德礼为政教之本,刑罚为政教之用。"我国高校思想政治理论

课以落实立德树人为根本任务,法治教育是新时期思想政治教育的一项重要、艰巨的任务。开展法治教育旨在用法律的基础知识来教育年轻一代,使他们受到守法的教育,懂得和善于履行社会主义公民的权利和义务,增强法治观念,养成自觉遵守法律的行为习惯。2014年党的十八届四中全会上提出"全面推进依法治国","深入开展法治宣传教育,把法治教育纳入国民教育体系"。因此,法治教育及其创新是加强思想政治理论课建设、培养时代新人的应有之义。关于建设社会主义法治国家,《习近平谈治国理政》提出了许多重要的方向性、原则性和指导性的方略,是我们理解全面依法治国战略的重要指导。中国特色社会主义法治道路的核心要义,是坚持党的领导、中国特色社会主义制度和中国特色社会主义法治。习近平总书记强调要始终坚持从中国国情出发推进法治建设,面对体制机制要具备推动法治改革的政治勇气和坚定态度,并要保障依法治国各项任务细化和落实。

国家"七五"普法规划(2016—2020)的主题是弘扬社会主义法治精神、建设社会主义法治文化,而这两个方面相对于广泛传播法律知识,处于更为重要的地位。教育部等三部门于2016年印发的《青少年法治教育大纲》的指导思想,以培育和践行社会主义核心价值观为主线,突出了法的价值观教育,其基本要求是法治教育要与道德教育相结合,注重以法治精神和法律规范弘扬社会主义核心价值观,以良法善治传导正确的价值导向,把法律的约束力量、底线意识与道德教育的感化力量、提升精神紧密结合,使青少年理解法治的道德底蕴,牢固树立规则意识、诚信观念、契约精神,尊崇公序良俗,实现法治的育人功能。2017年党的十九大报告明确,全面推进依法治国的总目标是建设中国特色社会主义法治体系、建设社会主义法治国家。全面依法治国是中国特色社会主义的本质要求和重要保障,必须把党的领导贯彻落实到依法治国全过程和各方面,坚定不移走中国特色社会主义法治道路,完善以宪法为核心的中国特色社会主义法律体系,建设中国特色社会主义法治体系,建设社会主义法治国家,发展中国特色社会主义法治理论。要加快形成完备的法律规范体系、高效的法治实施体系、严密的法治监督体系、有力的法治保障体系,形成完善的党内法规体系。全面依法治国是国家治理的一场深刻革命,必须坚持厉行法治,推进科学立法、严格执法、公正司法、全民守法。要在全社会牢固树立宪法法律权威,弘扬宪法精神,任何组织和个人都必须在宪法法律范围内活动,都不得有超越宪法法律的特权。习近平总书记关于全面依法治国重要论述,具有鲜明的时代特征和实践特色,突出体现在以下八个方面:(1)强调坚持依法治国首先要坚持依宪治国,坚持依法执政首先要坚持依宪执政。(2)强调宪法是党和人民意志的集中体现。(3)强调全面贯彻实施宪法。(4)强调在全社会弘扬宪法精神。(5)强调宪法实施同每一个国家工作人员的工作都密切相关。(6)强调坚定宪法自信。我们坚定"四个自信",要对我国宪法确立的国家指导思想、发展道路、奋斗目标充满自信,对我国宪法确认的中国共产党领导和我国社会主义制度充满自信,对我国宪法确认的我们党领导人民创造的社会主义先进文化和中华优秀传统文化充满自信。当代中国宪法制度已经并将更好展现国家根本法的力量、更好发挥国家根本法的作用。(7)强调宪法是我们党长期执政的根本法律依据。(8)强调我们讲依宪治国、依宪执政同西方所谓"宪政"有着本质区别。我们就是在不折不扣贯彻着以宪法为核心的依宪治国、依宪执政。一些人打出"宪政"牌,就是要通过对"宪政"这一政治概念进行学术包装,目的是要拿"西方宪政"来框住我们,把中国共产党领导的社会主义国家打入另类。总体上说,在当代中国,"宪政"这个概念是不适用的。

二、高校开展宪法法治教育存在的问题和加强法治教育的重要性

(一)宪法法治教育存在的问题

1. 学校和教师对宪法法治教育的重要性认识不足

大学生法治教育主要依托的是必修课程"思想道德修养和法律基础",其中详细介绍我国宪法规定的基本制度的内容。但是,一些高校对法治课的重视程度不够,表现在设置该门课程的课时较短、内容单薄、追求速成。普遍安排主讲该课程的思政辅导员,由于法律知识和素养的不足,往往难以深入解读和传授所要求的法律知识及法治原则、理念和精神。在实践中,有的教师压缩法律部分的

教学课时,甚至以个人喜好作为是否讲授宪法部分的评判标准。部分教师在具体教学过程中把握不好教学重点,普遍对公民基本权利和义务的讲解严重偏少,罕有教师能结合具体事例予以讲解。从教学方法看,"思想道德修养和法律基础"法律部分的教学,长期以来主要以老师讲授、照本宣科为主,学生讨论以及师生之间的互动非常少。大多数情况下从理论到理论,而不能做到理论与实践相结合,故而缺乏理论与实践相结合的教学模式。

2. 大学生宪法意识缺失

高校学生对"思想道德修养与法律基础"课以及法治教育,包括宪法教育内容,普遍不感兴趣,部分学生对此甚至存在抵触心理。因此,学生普遍存在宪法意识缺失的问题,具体表现为三点:(1)宪法认知水平低。宪法知识是大学生宪法意识形成的前提和基础,但学生普遍对此了解和把握程度不高。公民包括大学生本身的权利义务是他们依法行使权利、履行义务的前提,但是学生对此认知也存在一定程度的偏差。由于缺乏相应的法律知识以及法治培养环境,学生的法治思维与意识也存在不足,普遍呈现出法治思维与运用法治思维能力欠缺。(2)宪法情感淡薄。虽然大学生对宪法是用来规范和约束政府权力并保护公民权利的法律和宪法的功能问题基本上达成了共识,但很多大学生对宪法作为我国根本大法缺乏认同感、亲和感等基本的情感,对宪法与自身的关联性缺少足够的感悟。只有具备了宪法情感,大学生才能生发对宪法的尊重和信任之情,而不会产生敬畏宪法的距离感,也才可能自觉遵守宪法、维护宪法,奉行宪法至上观念。(3)宪法信仰缺失。虽然宪法是我国的根本大法,但是大部分学生认为宪法与自己日常生活联系并不紧密。因此,宪法的价值和理念也很难内化为大学生的信仰和信念,也就难以树立宪法至上观念。除了上述情况,经管类专业的学生在宪法教育过程中表现出一些特殊的问题。例如在与西方国家进行商贸活动的过程中,他们容易受西方价值观的影响,而弱化对我国宪法的政治认同。特别是在学习英美等国家的概况、社会文化和历史等课程时,他们直接从教材、教师那里,直接接触到关于西方政治、法律体制的介绍,了解到西方多党竞选、三权分立、司法独立等制度设计。如果教师不加以正确引导,学生自身不加独立思考,就会导致学生很容易忽略中西文化传统和社会制度的差异，而对西方宪政民主进行浅尝辄止的理解，甚至错误地迷恋其"宪法""自由""人权"等抽象概念，而陷入西方资产阶级宪政法治的陷阱。在实践中，个别学生甚至错误地认为，要用西方宪政民主制度取代中国的社会主义民主政治制度，其必然逻辑将否认我国依法治国理论中关于中国共产党的领导、人民当家作主与依宪治国、依法执政有机统一的理念。

（二）加强宪法法治教育的重要性

2021 年全国各级各类学历教育在校生 2.68 亿人，其中高校学生达 3496.13 万人。青少年是国家和民族的未来，他们的价值取向决定了一个国家和民族的价值取向，让他们知晓宪法、尊崇宪法，是国家治理体系和治理能力现代化的一项重要基础工作。鉴于上述学校和教师对宪法教育的重要性认识不足，以及大学生宪法意识缺失等突出问题。高校是加强宪法教育、普及宪法知识、弘扬宪法精神的重要群体和重要阵地，提升大学生的法律意识和风险意识，使他们成为德智体美劳全面发展的人才，是当前高校政治思想教育工作面临的一个紧迫性问题。加强大学生宪法法治教育是全面依法治国的基础性工程。宪法法治教育抓住宪法学习教育这一核心任务，将引导青少年坚定中国特色社会主义制度自信。以制度自信为主线，向学生讲清楚党的领导是中国特色社会主义最本质特征和最大优势，进一步坚定广大青少年跟党走、爱祖国的信念和行动。

加强大学生宪法法治教育是一项长远性工程。在高校学生政治思想教育中，坚决做到守土有责、守土负责、守土尽责，坚持把以宪法教育为核心的法治教育融入国民教育全过程，就一定能培养出自觉尊法学法守法用法的社会主义建设者和接班人。

（三）高校学生开展宪法法治教育的目标要求

近年来，我国各级政府的多个文件，对高校学生包括经济专业学生有效开展宪法法治教育，提供了有益的制度安排，并提出了明确目标要求。2013 年 6 月，教育部等五部门《关于进一步加强青少年学生法制教育的若干意见》提出，青少年学生法制教育要以弘扬社会主义法治精神，树立社会主义法治理念，培养知法尊法守法用法的合格公民为根本目标,并且把社会主义法治理念贯穿于大中小学法制教育全过程。2016年6月,教育部等三部门联合印发实施的《青少年法治教育大纲》,要求高校学生普法从一般的普法活动转变到学校教育的重要内容。明确提出,要以社会主义核心价值观为引领,普及法治知识,养成守法识,规范行为习惯、培育法治观念,增强青少年运用法律能力,践行法治理念等。在高等教育阶段,《青少年法治教育大纲》中也提出要注重对中国特色社会主义法律体系相关知识的掌握、了解法治的核心理念和原则,进行法治实践,提高运用法律知识去分析和解决问题的能力。其中,特别提出"从传授法律知识到培育法治观念、法律意识的转变",表明在法治的知识目标和价值观目标中,价值观目标处于更为重要的地位。法治教育的基本目标是:培育大学生的法治思维,能够熟练运用基本的法律知识去处理与自身权利相关的事务,提高其参与社会政治事务的能力。该文件不仅突出了法治的价值观目标,而且突出了价值观目标对知识目标、能力目标的引领作用,引导高校学生践行法治理念,树立法治信仰,进一步深化对法治理念、法治原则、重要法律概念的认识与理解,基本掌握公民常用法律知识,基本具备以法治思维和法治方式维护自身权利、参与社会公共事务、化解矛盾纠纷的能力,牢固树立法治观念,认识全面依法治国的重大意义,形成对社会主义法治道路的价值认同、制度认同,坚定走中国特色社会主义法治道路的理想和信念,成为社会主义法治的忠实崇尚者、自觉遵守者、坚定捍卫者。2016年12月,中办、国办印发《关于进一步把社会主义核心价值观融入法治建设的指导意见》,明确提出"社会主义核心价值观是法治建设的灵魂",因此引领、主导高校学生普法,并对社会主义核心价值观入法入规、社会主义治理强化价值导向、司法公正引领社会公正、弘扬社会主义法治精神等作出具体安排。2018年5月,中共中央《社会主义核心价值观融入法治建设立法修法规划》进一步推动社会主义核心价值观入法入规。2018年9月,最高人民法院颁发《关于在司法解释中全面贯彻社会主义核心价值观的工作规划(2018—2023)》,旨在培育和践行社会主义核心价值观,统一裁判标准和裁判尺度,努力让人民群众在每一个司法案件中感受到公平正义。2020年5月,教育部印发《高等学校课程思政建设指导纲要》,将深入开展宪法法治教育作为课程思政建设五个方面的目标之一,并对其提出了明确的要求。

（四）高校经管类专业课程开展宪法法治教育的内容重点

加强青少年宪法教育是全面依法治国战略的基础性工作。教育部始终将宪法教育作为青少年法治教育的核心。对于高校学生,不仅在"思想道德修养和法律基础"课中增加了宪法教育内容,每年都举行全国学生"学宪法、讲宪法"系列活动,推动深入开展宪法法治学习宣传。宪法法治教育属于德育和思想政治教育的范畴,是公民素养层面的教育。法治意识的培养是第一位的,法律知识的学习是第二位的。公民的法治意识包括:学法、守法、用法,自觉参与社会主义法治国家建设,主要表现为:宪法法律至上意识、权力制约意识、权利义务意识、平等意识、程序意识、民主参与意识等。对此,教育部《高等学校课程思政建设指导纲要》就有关内容重点进行了明确,即教育引导学生学习领悟习近平总书记全面依法治国新理念新思想新战略,牢固树立法治观念,坚定走中国特色社会主义法治道路的理想和信念,深化对法治理念、法治原则、重要法律概念的认知,提高运用法治思维和法治方式维护自身权利、参与社会公共事务、化解矛盾纠纷的意识和能力。针对经管专业学生开展宪法法治教育,首先包括面向所有专业学的内容重点,主要是公共基础课"思想道德修养和法律基础"中有关宪法法治部分的内容。此外,对经管专业的学生开展教育,还应结合其专业特点挖掘有关宪法法治的"思政点",特别是可以在不同国家的政治、经济、社会文化和历史、民风民俗等课程的教学中,通过中西制度比较培养对我国社会主义宪法的认同。总体上,对经管专业学生推进宪法法治教育,包括增强学生的宪法意识和公民意识两个重点内容。

1. 增强学生的宪法意识

宪法是一个国家法律体系带有基石性和根本性的法律。依法治国的宏伟目标首先要求依宪治国。宪法教育主要包括公民基本权利和义务、国家性质、国家形式、选举制度、国家机构等知识,学生教育的宗旨是引导他们强化宪法思维模式,养成严格按照宪法办事的行为方式。习近平总书记指出,走什么样的法治道路、建设什么样的法治体系,是由一个国家的基本国情决定的。应当坚决反对简单的拿来主义,反对"全盘西化""全面移植"、照搬照抄。对于经管专业学生开展宪法和法治教育,教师尤其需要坚持实事求是正确的态度和科学的方法,才能帮助和引导学生正确结合中国国情,辩证地看待西方的宪政文明。近代宪法起源于西方国家,早在17、18世纪,主要资本主义国家就陆续颁布了宪法开始追求宪政,它们是资产阶级推翻封建专制制度的胜利成果,是当时先进生产力的代表。1789年美国制宪会议确立了民主立宪政体,构建了包括联邦制、总统制、三权分立制、司法独立制在内的基本政治制度。其理论初衷是强调法律至上,以法治方式保障政治秩序合法运转,通过宪法权威形成权力制衡,最大限度保障民众基本权利。我们必须承认,西方宪政民主理论在特定的历史和社会条件下具有进步性。但是,我们必须引导学生认识到,西方宪政代表和维护的是资产阶级的根本利益和意志,强调私有财产神圣不可侵犯。而且所谓的宪政民主发展至今,日益亲近资本与权力,却离民主本质愈来愈远。教师在启发学生警惕西方文化中隐形的文化殖民意识的同时,更应该注重中国自身传统文化的传承。让学生在客观分析不同国家、地域因文化传统、经济体制等原因而导致的立法差别的基础上,充分了解我国社会主义法律制度形成的"本土资源"。最终让学生认识到,我国宪法和政治制度符合中国的实际和人民的要求,体现了社会主义中国特色的优点,应该对祖国充满文化自信与制度自信。

2. 增强学生公民意识

公民意识是民主法治社会的产物,建设法治国家、实现依法治国必然要对公民意识提出要求。公民意识一般被认为根据法律的意义所指出的公民基本的义务和权利,是公民对权利和义务的一种认识和价值的了解,它详细说明了一个个体在社会中应该承担的社会义务及政治权利还有其当家做主的一种观念。我国大学生公民教育,主要是指在当代高校大学生中,把其培养成具有积极参与国家各项事务的一种意识和能力,具有健全自律的人格,具有我国公民意识和美德的高素质公民的一种社会实践活动。公民意识培养具体包括以下内容:其一,以主体意识教育为前提,包括公民对自己公民身份、自己在国家中的地位,以及个人与国家、社会的关系的认识。其二,以国家认同教育为重点,并将之与爱国主义、团结统一、自强不息等民族精神结合起来,增强大学生对祖国的认同和热爱。其三,以社会公德培养为基础。其四,以权利义务教育为核心。经管专业学生长期处于文化逆差,如果对外国势力思想渗透的警惕性不足,容易潜移默化接受西方消极文化和思想的影响。因此,对经管类专业学生应当加大开展公民教育力度、强化他们的国家认同教育。特别要加强他们对祖国优秀传统文化的教育,这不仅有利于提高他们个体的公民素质,也有利于中华民族精神的世代传承。在对经管专业学生进行公民教育时,也应积极发挥他们的专业优势,虚心学习和借鉴国外,比如美国开展公民教育的成功经验。美国长期开展公民教育,使公民的参与政治意识和民主法治观念逐步增强。他们公民教育的范围不仅包含培养基本的道德观念,还包括培养公民的行为规范、情感态度认知;既涵盖爱国主义教育,又涵盖民主法治观念的教育;还包括人生价值观、身心健康、人道主义和宗教信仰等方面的教育等。宪法规定,中国共产党领导是中国特色社会主义最本质的特征,这是办好教育的根本保证。几十年来,党对教育工作的领导持续加强,党的教育方针不断丰富,立德树人根本任务有效落实。近几年,在全国普法办、司法部的领导、指导下,教育部加大了在青少年当中开展宪法法治教育工作的力度,推动宪法教育进校园、进课堂、进头脑。开展宪法法治教育工作主要集中在四个方面,即抓好课堂、创新形式、注重仪式、强化保障。未来几年,教育部将结合实际继续推进青少年宪法法治教育,着力提升宪法教育的针对性、时效性。我们相信,该项工作结合思政教育的创新开展,必定为推进国家治理体系和治理能力现代化作出新的更大贡献。

第五节
经管类专业课程思政与职业理想和职业道德教育

一、经管类专业课程思政与职业理想

(一)职业理想的内涵

卡耐基说过,当你到了十八岁时,你可能面临着两个重大的决定:你将如何谋生? 你选择一个什么样的人生伴侣? 由此可见,职业理想的选择是一件影响人一生的大事。那么什么是职业理想?"职业理想是人们在职业上依据社会要求和个人条件,借想象而确立的奋斗目标,即个人渴望达到的职业境界。它是人们实现个人生活理想、道德理想和社会理想的手段,并受社会理想的制约。"还有人认为"职业理想是指个体在一定的世界观、人生观和价值观的指导下,对自己未来所从事的职业和发展目标所作出的想象和设计,它与道德理想、社会理想和生活理想一起构成人生理想,职业理想是沟通道德理想、社会理想和生活理想的桥梁,是人生理想的基础和具体体现。它的发展与道德理想、社会理想同轨,与人生价值同向"。可见,职业理想与道德理想、社会理想和生活理想同属于人生理想,是人生理想的基础,也是人生理想的体现。职业理想是人生的动力,没有职业理想,也就很难实现个人的人生理想。同时,每个人都生活在一定的社会关系之中,是社会的公民,因此个人理想也要受到社会理想、道德理想的制约,必须与社会理想、道德理想同轨,相向而行。

(二)经管专业学生加强职业理想教育的目标要求和紧迫性

经管类专业课程思政要和职业理想教育结合起来。但是目前我们的经管专业学生就业难的一个重要原因就是职业理想缺失,就业准备不足。虽然很多高校都开设了"大学生职业发展与就业指导课",但这些课程指导都偏向于知识性、技能的指导,价值观引领缺失,职业理想教育缺位。中国社会正处于社会转型和矛盾凸显时期,社会风气也比较浮躁,拜金主义、享乐主义以及自由主义泛滥,功利性的职业选择在大学校园蔓延,很多经管专业学生不愿意吃苦受累,他们热衷于考公务员和教师编制,追求稳定,不愿意去私企民企,不愿意去偏远地区支教,对大众创新创业热情不高。这不仅限制了经管类专业毕业生的就业选择面,对国家和社会的进步也产生了一定的负面影响。2020 年 6 月,教育部高等教育司负责人在《高等学校课程思政建设指导纲要》答记者问时就构建课程思政的内容体系问题明确指出要"深化职业理想和职业道德教育,帮助学生了解相关专业和行业领域的发展态势,了解国家发展战略和行业需求,增强职业责任感,教育引导学生准确理解并自觉践行各行业的职业精神和职业规范"①。可见,加强职业理想教育是其中非常重要的一环,高校承担着培养社会主义建设者和接班人的重任,因此有责任和义务通过经管类专业课程思政加强职业理想教育,让学生了解国家和地区的发展战略和行业需求,帮助他们树立正确的职业理想,实现个人理想与社会理想、国家发展需求相统一。

（三）经管类专业课程思政中开展职业理想教育的内容重点

有学者从高校思想政治理论课角度论述了实现职业理想教育功能的路径。还有学者对师范生的职业理想教育进行了有益探索和实践。要在经管类专业课程思政中实现职业理想教育,我们可以借鉴已有研究提出的路径和工作内容,尝试从以下三个方面着手,并将其作为职业理想教育的重点内容:其一,提升职业自我效能感。自我效能感包括大学生的学业自我效能感(一个人相信自己具有完成相关学术科研任务的能力)、社会自我效能感(相信自己具有执行社会任务的能力)和职业自我效能感(相信自己具有完成职业任务的能力)。目前经济学界对学业自我效能感已经做了很多相关研究,但对社会自我效能感和职业自我效能感还不够重视,我们要培养学生综合利用各种信息,基于对自身经济职业行

---

① 全面推进高等学校课程思政建设——教育部高等教育司负责人就《高等学校课程思政建设指导纲要》答记者问,见 http://www.moe.gov.cn/jyb_xwfb/s271/202006/t20200604_462551.html.

为能力的判断和评估,形成对自身经济能力的信心或信念。学生要对自己有良好的职业自我效能评估,比如对继续读研深造还是步入社会参加工作要有清晰的想法,也就是要有明确的职业定位。其二,发挥榜样的模范引领作用。首先,经管专业教师要强化思想政治意识,做到"学高为师、行为世范",要以自己的政治觉悟、道德品质和人文思想影响学生的世界观、价值观和人生观。其次,我们还要从经管专业教材内外挖掘思政教育元素,比如在对国际经济与贸易专业和金融学专业学生教授"国际经济学"这门课时,就可以用中国传统儒商的"修身、齐家、治国、平天下"的思想来引导学生建立爱国、诚实、守信的经邦济世的情怀。最后,经管专业教师还可以利用先进典型来引导学生树立明确的职业目标,比如马云是如何从英语教师转变为互联网创业大咖的?俞敏洪是怎么从北大辞职创业,创办新东方并取得成功的?"榜样的具体化、人格化,可以让人们从那些具有可信度和感染力的事迹中受到教益和启示,从而产生"榜样能为,我亦能为"心理认同和道德自信。其三,提供就业指导,帮助学生迈入社会大门。这些措施包括提供就业课程指导、丰富就业指导内容;侧重学生能力培养、构建就业信息平台;拓宽就业信息来源渠道。我国现阶段实行的是"双向选择",即毕业生和用人单位的相互选择。这就要求毕业生在择业时树立正确的就业观。首先要形成"自我择业"的就业观。其次要确立"先就业再择业"的就业观。就业是择业的基础,择业是就业的优化。不要把"既舒适又赚钱"和"高薪白领"作为择业的必要条件,而是要先找到岗位,融入社会,最终才能实现自身价值。

二、经管类专业课程思政与职业道德教育

(一)职业道德教育的内涵

"职业道德是个人在从事的相应工作中应遵循的基本准则和行为规范,是保证工作顺利进行和取得社会认可的重要保证。职业道德教育则是为使从业人员具有相应的职业道德而进行的教育,旨在通过教育对大学生的职业理想和职业精神进行引领,使大学生熟知职业职责和职业规范,并能在实践中遵守,成为大学生价值观的组成部分。"教育部印发的《高等学校课程思政建设指导纲要》明确

指出课程思政建设的五大目标要求（内容重点）之一就是要"深化职业理想和职业道德教育。教育引导学生深刻理解并自觉实践各行业的职业精神和职业规范，增强职业责任感，培养遵纪守法、爱岗敬业、无私奉献、诚实守信、公道办事、开拓创新的职业品格和行为习惯"。这些内涵要素是学生毕业后在任何一个行业或领域都要遵守的道德规范。很多在校学生可能专业知识掌握得不错，但往往错误地认为自己的身份是未参加工作的学生，不需要遵守行业的职业精神和职业规范，迟到旷课、考试作弊、论文造假、学术失信等现象频频发生。

（二）经管类专业课程思政中开展职业道德教育的目标要求和内容重点

有些学者从社会层面、学校层面、学生层面分析了目前应用型本科院校职业道德教育仍然存在的问题，并提出了五大对策：完善道德规范；调动社会支持；明确教育观念；构建教评系统；激发职业理想。目前我国高校的职业道德教育没有得到足够重视，存在教材滞后、学时不足、教育途径和方式单一等问题，严重影响了大学生的职业道德教育。因此，高校必须重视和加强职业道德教育，要贯彻理论与实践、个人示范与集体影响、教育与自我教育、普遍性与特殊性相结合的原则。对此，他们也提出了五个对策：大力加强职业道德教育；完善职业道德教育课程教材；分阶段、分层次、分重点地进行教育；重视师资队伍的培养，充分发挥教师的示范作用；多形式、多途径地开展职业道德教育。职业道德教育是思政教育的重要组成部分，但是目前我国经济类院校中职业道德教育开展得还远远不够，有些专业领域甚至是空白。经管类专业课程如何实现课程思政的价值引领，守好自己的这段渠，种好自己的责任田，让经管类专业课程思政与思政课程同向而行，形成协同效应？

价值判断是经管类课程最鲜明的特征，大到基本经济制度路线阐释，小到微观经济行为分析，我们都需要时刻把习近平新时代中国特色社会主义思想作为根本遵循。为此，在巩固"不忘初心、牢记使命"主题教育成果的基础上，各高校要不断探索立德树人的具体举措，按照习近平总书记关于"每一门课程都要守好一段渠、种好责任田"的要求，形成学院党委统一领导、党政齐抓共管、教学院长牵头抓总、党政办协同联动、系室所落实推进的课程思政建设工作格局，充分调动每一位教师参与课程思政的积极性、主动性和创造性。我们要深度挖掘经管专业课程蕴含的思政教育资源,解决好专业课与思政课相互配合的问题,发挥所有课程的育人功能,构建全面覆盖、类型丰富、层次递进、相互支撑的课程体系,使各类课程与思政课程同向同行,形成协同效应。

1. 做实师生党建思政,引领"三全育人"方向

规范组织生活,创新政治学习,筑牢师德师风。我们要坚持把师德师风作为教师素质评价的第一标准,推动师德建设常态化、长效化。高校要将各系部的教工党支部的思想政治工作、系行政工作和专业建设工作紧密结合起来。各支部在开展组织生活、政治学习时,要引导专业教师将教书育人和自我修养相结合,做到以德立身、以德立学、以德施教,更好担当起学生健康成长指导者和引路人的责任,推动广大教师争做符合"四有""四个引路人"和"四个相统一"标准的好教师。强化课程思政,把牢政治站位和价值取向。经管专业课程要为培养新时代中国特色社会主义建设者服务。以政治经济学、西方经济学等基础课为重点,学院要求各系、课程组必须坚持习近平新时代中国特色社会主义思想,把牢社会主义核心价值观,在教材选用、课件制作、案例选取等方面要符合马工程重点教材要求,要讲好中国故事。

党建引领学风,凝聚教育合力,助力学生成长成才。高校要夯实学生党支部建设,为学风建设提供坚强组织保障,要把学风建设贯穿入党积极分子培养、发展党员和党员后续教育的全过程,开展主题教育活动,为学风建设营造良好氛围。学院加强生涯规划教育,引导学生树立学习目标,从而使学生树立远大理想,明确学习目的,端正学习态度,使学习真正成为学生自主、自觉、自由的行为素养。

2. 识别课程思政结合点,将思政元素有机融入课堂教学

第一,在课程体系中确立思政元素融入点。我们要从经管类专业课程本身特色出发,从单纯讲授经济学理论,到深入思考如何在课程内容中融入情感和价值观,最终通过课程思政的教学改革,实现学生树立社会主义核心价值观的教育。例如,无论是理论经济学还是应用经济学,都立足解释清楚中国特色社会主

义道路为什么行;无论是政治经济学还是西方经济学,都立足解释清楚中国特色社会主义理论为什么好;无论是福利经济学还是发展经济学,都立足解释清楚中国制度为什么优;无论是经典著作选读还是经济发展史导读,都立足解释清楚中国特色社会主义文化为什么先进。总之,我们透过知识点的讲授,潜移默化地引导学生坚定"四个自信"。

第二,增加体现课程思政的教学方法和教学手段。在教学方法中,我们将"培养什么人才"深度对接"如何培养人才";在教学中,丰富教学方法和教学手段,通过案例分析、分组讨论及任务驱动等教学方法的改革创新,增加师生之间的教学互动;在讨论中引导和强化学生的创新意识、责任意识和爱国精神。我们充分利用互联网教学平台,整合各种信息资源,形成有特色的教案、课件和微课,将思政教育有机融入经管专业课教学过程中。

第三,增加体现课程思政的考核方式方法。优化课程考核体系和学生评价机制,增加除试卷外的多种考核方式。如融入思政元素的课程论文考核方式能衡量学生的世界观、人生观和价值观的取向;融入思政元素的课堂讨论考核方式、课外阅读,在提高学生学习积极性的同时,还能保证学生树立正确的人生观和价值观。

3. 打造教学"金师"团队,提升教学效果

第一,树立课程思政的教学理念。课程思政是一种教育理念,教师在传授知识的同时,以潜移默化的形式,帮助学生树立正确的人生观和价值观。"师者,所以传道授业解惑也",经管专业课的教师不仅是知识的传播者,也是学生思想和人格的培育者,要以德立身、以德立学、以德施教,坚持教书和育人相统一,努力成为先进思想文化的传播者、社会主义建设的坚定支持者。

第二,加强学习,增进课程交流。课程思政对教师提出了更高的要求。教师团队在授课中要用真理的力量感召学生,用深厚的理论功底赢得学生,要不断学习,加强交流。邀请学院领导参加课程思政建设设计、进行政治方向把关、指导教学改革和讲授示范课;支持教师进修培训、出国访学,鼓励教师积极参加国内外学术研讨和学术交流。

第三,鼓励教师以科研促教学。我们要鼓励教师进行科学研究,并将优秀的研究成果带进课堂,以生动鲜活的例子讲述经济学在经济建设中的应用,讲述中国经济改革的热点和奇迹,增强学生的国家荣誉感和文化自信,加深学生对中国特色社会主义经济学的理解,坚定学生对中国特色社会主义的道路自信、理论自信、制度自信和文化自信。

第六章 "三全育人"背景下
课程思政与经管专业课结合的实践路径

第一节 "全方位育人"理念下的
经管专业课程思政教学体系设计

一、重构课程教学目标,全面塑造价值理想

习近平总书记提出要将立德树人作为高等教育中的核心部分,并要将思政教育贯穿整个教学过程中,充分把握好课堂这一渠道来加强思政理论教育,让各个专业课程能够和思政教育同向同行,从而达到协同性效应。在课程思政概念提出一段时间以后,根据在专业课教学过程中的实践,就如何在专业课教学中进行思想政治教育,已经总结了些许经验:通过系统地设计,将思想政治教育的内容融入专业课教案和内容准备当中,同时也要抓住课堂学生的状况,灵活加入德育的内容,引导和纠正学生的行为。与此同时,需要注意专业课教学中加入思想政治教育的几点原则,以确保以专业课教学目标为立足点,自然恰当地融入思想政治教育的内容,达到课程思政全程育人的目的。这充分说明了在新的历史时期,思政教育不仅由思政课程来负责,还要与其他的专业课进行融合,运用思政教育来充分发挥出课程的育人效果,达到与思政理论教学同行的效果。课程思

政的主要内容来源于理论课程,只有这样才能够确保与思政理论教育同步,并将其贯穿到一切课程当中,达到知识传递和价值引领的功效。专业课程除了要对思政内容进行融入,也要对课程体系进行融合,这个过程有着较大的难度,因此对课程思政在高等院校专业课教学中的应用进行研究是非常有意义的。

课程思政体现合规律性,思想政治教育与专业教育协同育人是新时代高等教育事业的发展方向,高校教育不仅要加强学生专业技能与知识的培养,更应注重学生核心思想理念的构造,而课程课堂教学是高校最重要的育人平台。立足课程思政视角,以专业课程教学为例,要认真分析课程思政教学改革的意义,在专业课程教学现状的基础上,对课程思政教学目标、教学内容设置、教学方法设计进行研究和探索,以期充分发挥专业课程的育人功能,培养德才兼备的高素质应用型人才。高校专业课具有较强的育人优势,但现实中还存在思政教育与专业教学不相关联的现象。思政课程单一枯燥,教学收效甚微,而课程思政是实现教育全程育人、全方位育人的必然选择,充分利用课程教学这一主渠道,关注各学科之间的关联性与系统性,将思想政治工作的内容和方法融入各类学科的教学当中,从而让学科内容更具深度、让课堂氛围更有温度、让思政教育更有力度,在传授知识的同时实现价值引领。为此,高校必须坚持以马克思主义理论为引领,加强社会主义核心价值观教育,将课程理论与社会实践有机结合,把握课堂主渠道,将思想政治教育落实、落细到每一堂课,为实现从思政课程到课程思政的彻底转变积聚力量。

课程思政是合目的性与合规律性的辩证统一。全体高校教师均负有育人职责。课程思政就是高校教师在"立德树人"职业使命的感召下,以学科知识体系为载体,以课堂教学为平台,挖掘学科文化中的思想政治教育资源,将党的政策主张、做人的道理、处世的准则悄无声息地融入课堂教学的过程中。相关培养方案的构建、授课环节的设计、教学内容的编排由高校专业课教师根据课程思政的基本要求有意识地推进实施。旗帜鲜明地宣传新时代中国特色社会主义理论的历史必然性和科学真理性弘扬以爱国主义为核心的民族精神和以改革创新为核心的时代精神,反对一切削弱、歪曲甚至否定中国共产党的领导和社会主义制度的错误言论,这体现了课程思政的合目的性。

众所周知,每一个学科都承载一定的精神重塑和价值启蒙功能,如前文所述,这一功能是通过学科文化对个体的德育涵养机制实现的。课程思政载于知识之车,寓于道德之所。古希腊先哲苏格拉底认为知识与道德具有同一性提出了"美德即知识"的著名论断。在苏格拉底看来,知识能够增长人的理性,受此影响,人就不会为所欲为地做出有悖道德和伦理的事情。中国儒家学说也认为知识与道德存在不可分割的联系,《论语·里仁》中说:"仁者安仁,知者利仁。"《论语·公冶长》指出:"未知,焉得仁?"关于知识与道德的内在关系,学者付洪曾撰文指出:"知识的本质应该从人之成为人的事实中去寻找。"这是很有深度的理论见地。在课程思政的视域中,我们认为,专业课教学必须突破知识体系传授的限定,实现价值体系的升华,将专业理论内化为学生的德性之知,才能实现专业课教学最大的初心和使命,促进学生自由而全面的发展。从另一方面说,知识大厦只有建立在深厚的道德伦理的基础之上才能坚如磐石。由此观之,专业课教学践行课程思政是思想政治教育规律、大学生道德成长规律以及学科发展规律的内在要求。专业课与课程思政有着相互促进的辩证关系。作为科学先进的教育教学理念,课程思政与专业课教学并不是非此即彼的对立关系。专业课教学为课程思政提供了发展的广阔背景和深厚的学科基础,赋予思想政治教育坚挺的科学力量。我们应当看到,以专业知识体系为载体和底蕴的思想政治教育将更具有说服力、感染力、有效性和针对性。

不可否认,课程思政理论课是大学生思想政治教育的主渠道。然而,大学生在校期间的专业训练时间要占全部学习时间的三分之二以上。另外,大学生将自己的专业视为步入社会后安身立命之本,因而对于专业课的学习给予了高度重视。专业课教学理应成为思想政治教育实践的重要组成部分,这是我国高校课程思政最大的现实。唯物辩证法要求高校教师必须正视这个最大的现实,以专业课教学为突破口,加强思想政治教育,这是践行课程思政的强基务本之举。课程思政是专业课提升教学质量、推进学科建设的重要动力。专业课可以通过践行课程思政理念突破单一的知识体系传授的视阈局限。在价值引领中凝练知识底蕴,在知识传授中实现价值升华,提升学生专业课学习的获得感,为学术可持续发展培养合格的后备力量,从而获得本学科最大限度的价值增量。

二、改革学生学业评价,统一显性隐性教育

当前所采用的课程评价考核方式除了对教师教学方式、教学态度、内容和效果进行评价,并无对教师育人内容和方法的考核要求,因此无法在评价中对教师的思政情况进行评价。而在对学生的学习评价方面,主要考核的是学生掌握专业知识的情况,并未对学生们的情感、态度、德行进行考核,如果缺少这些考核内容,会非常容易导致专业课中的思政教育变成形式主义。

改革学生学业评价,打破单一的考试评价方式。"三全育人"背景下高校"课程思政"教学要培养的是全面发展的学生,从学习层面来看学生的全面发展,学生的学习活动并非只有单一的知识学习,还包括能力、道德品质和行为习惯的学习。由此可见,对于学生的学习评价不能只着眼于学生的知识学习,还要关注技能与能力的增长、良好的道德品质和行为习惯的养成。不能使用单一的考试评价方式来衡量学业成就,而应该根据学习活动的倾向性来综合制定学生学业评价方式,对于以学生的认知学习为主的教学活动,可以采用测验、实验、评定等方法来评价学生的学业;对于以学生技能学习为主的教学活动,可以使用观察法、作品表现法等来进行评价;对于以学生情感学习为主的教学活动,教师可以使用观察法和问卷法来进行学业评价;而对于综合性教学活动,教师应该结合重点教学目标、学生学习情况和现实条件综合拟定学生学业评价方式。但不管采用何种评价方式,"课程思政"必须以综合评价学生、促进学生全方位发展为学生学业评价的宗旨。

显性教育与隐性教育并非相互割裂、泾渭分明的两部分,各门各类课程都同时蕴含显性教育与隐性教育资源,针对"三全育人"背景下高校"课程思政"教学中存在的"教学活动以显性为主,显性教育与隐性教育缺少统一"的问题,高校教师应该在把握、优化教学活动中的显性教育方式的基础上,有意识地探究课程的隐性教育教学方式,并将二者统一于服务教学目标的教学活动中。比如采用沉

浸式教学,促使显性教育教学与隐性教育教学融为一体,在利用讲授法、谈话法等显性教育教学方式直接传授学生具体的专业知识的同时,利用音频、视频等素材或是 VR、AR、人机交互等技术,为学生课堂学习营造贴合教学目标的教育氛围与教育情境。

第二节 "全程育人"理念下的
课程思政融入经管专业教学全过程

在经管类专业课程中找到合适的结合点,努力挖掘思政元素,丰富"课程思政"的形式和内容,选择有效的教学方法,将思政教育贯穿教学的全过程,既利于经济学专业知识的传授,又利于引导高校大学生树立正确的价值观念、培养良好的道德品质、塑造健康美好的心灵、形成高尚的人格行为,真正实现"溶盐入汤"的立德树人效果。本节将思政教育贯穿于经管类专业课教育的全过程,深入发掘通识课程思政教育理论资源,推进高校课程思政与经管类专业课相结合。

一、调整教学内容,术道融合

调整经管类专业课程的教学内容是实现将思政教育融入专业课教育的基本路径。从大学生求知需求出发,遵循教学规律,立足人才培养目标和学科优势,将马克思列宁主义、毛泽东思想、邓小平理论、"三个代表"重要思想、科学发展观、习近平新时代中国特色社会主义思想、中华优秀传统文化以及其他有利于培养中国特色社会主义事业合格建设者和可靠接班人的一切积极有效的德育内容融入经管类专业课教学中,系统设计经管类专业课程的教学内容,使课堂教学成为思政教育的有效载体。

立足教学目标和学科特点,融合思政理念,将马克思列宁主义、毛泽东思想、中国特色社会主义理论体系、中华优秀传统文化等德育内容融入经管专业课的教学中,系统设计教学内容,深度挖掘经管专业课中的思政元素,调整和精选课程内容,使经管类专业课程成为思政教育的有效载体。微观经济学主要讲如何配置资源。其中,效用论与幸福观联系起来,消费者选择理论与消费观、消费决策联系起来,可以引导学生正确认知效用与欲望、幸福的关系,正确认知消费行为和欲望,并理性消费,不被欲望所奴役。消费者行为理论的核心是消费者均衡问题。学习消费者行为理论能够帮助学生掌握理性消费决策方法。在消费者行为理论的教学内容中增加对冲动消费、炫耀消费、贪便宜消费、攀比消费等非理性消费现象的剖析,提高学生对非理性消费行为的认知,引导学生树立正确的消费观。成本理论与取舍观,即通过机会成本、沉没成本等概念引导学生正确认识得失、取舍,懂得自己的付出和价值所在;厂商理论、要素理论与社会责任感,引导学生认识到利润最大化不是唯一的目标,在追求利润最大化的同时还应该具有社会责任感,不损害整体利益,不能只追求个人利益最大化,做人做事要有温度;生产要素理论可以与我国供给侧结构性改革政策、社会效率与公平等内容联系起来,引导学生对国家宏观政策进行剖析。宏观经济学主要讲如何利用资源。其中,将国民收入核算和绿色GDP与我国国民经济发展历史等内容联系起来,引导学生深刻认识国民收入如何核算、思考国民经济与国防支出的关系、经济建设与国防建设的协调发展等,激发学生的爱国情和荣誉感;把失业理论与当前社会就业政策联系起来,加深学生对个人择业的理解;把通货膨胀理论与历史和当前国家财政、货币政策措施联系起来,提高学生未来的管理治理能力;把经济增长理论、经济周期理论与国情观合,经济增长理论的核心内容就是解释经济增长之谜。然而,理论必须和实践相结合才能推动实践的发展。因此,将经济增长理论与中国经济发展实践相结合有助于引导中国经济进入新的增长和发展时期。在经济增长理论的教学内容中增加新常态下中国经济增长的新变化相关内容的介绍,增进学生对国家整体经济发展水平的了解,提高学生对中国经济发展新阶段的新规律的认识。宏观经济政策理论与大局观,即在讲述需求侧的财政货币政策和供给侧的政策原理时,引入中国特色社会主义经济思想。宏观经济政策理论以介绍需求管理政策和供给管理政策的作用原理为主。在宏观经济政策理论的教学过程中,增加对习近平新时代中国特色社会主义经济思想的阐释,增强学生对宏观经济政策理论与实践的理解,引导学生了解进入新时代后我国宏观调控体系的变化,帮助学生树立正确的大局观。企业行为理论与大学生创业观,企业行为理论的核心问题是企业如何配置有限的资源从而实现利润最大化的目标。然而,在追求利润最大化的同时,为了不使社会整体利益受到损害,企业还必须承担相应的社会责任。在企业行为理论的教学内容中增加与企业社会责任相关内容的介绍,引导学生树立正确的创业观,改变把利润作为唯一目标的传统理念,引导学生在创业过程中要注重创造出更多的经济价值和社会价值。借助货币理论建立大学生正确的财富观,货币理论主要介绍货币、利率与通货膨胀。在介绍货币理论的基础上,结合中国移动支付快速发展这一背景,向大学生介绍一些适合他们的稳妥的投资理财方式,如银行保本型理财产品等,培养大学生对市场的关注和敏感性,引导大学生形成理财意识,建立健康积极的财富观。

二、创新教学方法,理论联系实际

(一)理论联系实际,实现思政教育和经济教学的多元发展

基于思政理念,将思政理念融合到经管类专业课程的教授和学习中,教师在教授课程的过程中,应有意识地引导学生分析讨论西方经济理论的进步性和局限性。此外,经济学理论大多比较抽象,一般要建立模型,然后推导得出相应结论,如果能够理论联系实际,与我国国情联系起来,灵活运用案例分析、讨论交流、实验实践、自主学习、渗透式教学等教学方法,不仅可以增加课堂的趣味性,而且可以在无形中提高学员的价值判断能力、学科思维能力和自主学习能力,培育核心价值观。如货币理论,主要包括货币、利率、通货膨胀等内容,可以联系我国快速发展的移动支付现状介绍当前的大学生校园贷、支付宝花呗、京东白条等问题,提高学生的警惕性和敏感性,培养其理财意识和健康的财富观;价格理论主要阐释如何制定合理价格以获得最大利润,可引入灾情中部分商家囤积居奇、恶意哄抬紧缺物资价格等例子,认识市场经济的弊端性和政府宏观调控的必要性,强调企业和个人的社会责任感;厂商市场需求竞标、原材料采购、现金管理、

政府调节等可以通过仿真软件进行模拟实验,让学生扮演不同角色,作出行为决策并总结经验,引导学生更好学习市场需求理论、生产理论和宏观经济政策;密切关注时事经济政策,如在新冠疫情中我国采取的财税金融政策等,鼓励学生搜集相关信息,并安排自由讨论,派出代表发言,再进行讲评,画龙点睛;拓展学习渠道,推荐图书馆、著名经济论坛、网课微课、视频等多种教学资源,延伸教学内容,寓德于教,寓教于乐,引导学生自主学习,培养探索和解决问题的能力。此外,应注重知识结构体系的建立,根据知识的内在联系,掌握知识与发展智力、非智力因素之间的关系,对学科前沿及相关知识进行全面渗透,也便于结合内容渗透思政元素。在创新教学方法方面,可从"课堂内"和"课堂外"双管齐下,将思政元素注入经济学专业课程中。在课堂内,重视提升课堂话语传播的有效性;在课堂外,引导学生将经济学理论知识与社会实践相联系。

1. 课堂内

课堂教学应重视提升课堂话语传播的有效性,注重从教师和课程两方面扫清学生课堂发言的障碍,为学生创造更多的课堂发言机会。在讨论式教学、启发式教学、问答式教学、参与式教学等探索中,激励学生积极动脑思考问题,避免学生成为"沉默的大多数"和"消极的旁观者",以行之有效的"课程思政"教育方式,在潜移默化中培育社会主义核心价值观。就教师而言,首先要在课前设计好课堂提问的问题;其次,提问后要给学生预留足够的思考时间;最后,学生回答完问题后,留出 3 秒以上的等待时间再对学生的回答予以评价。就课程而言,拓展学习渠道,积极调动图书馆、互联网、音像等各类教学资源,充分利用多媒体技术,注重学生对知识的感性认识与理性认识相结合的能力培养,引入最新的经济学案例,鼓励学生灵活运用经济学的原理分析经济现象。

2. 课堂外

学习知识和服务社会是相辅相成的。以经济学课堂教学内容为基础,以"走进社区""走进企业""走进农村"为主题设计自学题目,把课堂教学向社区、企业、农村延伸,引导学生走进社会大课堂,用自己的眼睛去观察问题,用自己的头脑去思考问题,用经济学专业语言阐述思政教育心得体会。第一,"走进社区"主题。大学以其知识和智力优势成为社区发展的重要推动力量;社区也为大学的发展提供了丰富的实践资源和机会。通过设计"走进社区"主题的课堂外自学题目,例如社区商业发展模式、社区养老服务业发展状况等,鼓励学生为社区提供相关的服务,通过服务社区来参与社会,提升学生的同情心、对他人的关怀以及社会责任感。第二,"走进企业"主题。企业是市场活动的主体,通过设计"走进企业"主题的课堂外自学题目,例如公司治理问题、企业融资约束问题等,引导学生带着问题走向企业,深入了解企业实际运行情况,从现实的角度加深对经济学理论知识的理解和掌握。第三,"走进农村"主题。农业、农村、农民问题是关系我国国计民生的根本性问题,通过设计"走进农村"主题的课堂外自学题目,例如农村贫困问题、农村居民养老问题、农村义务教育问题等,鼓励学生深入农村,关注农业经济发展、农民收入增长以及农村教育事业发展。

(二)深入挖掘专业课思政元素,改革教学方法和手段

专业课程中蕴含着丰富的思政元素,一方面,专业知识本身具有明显的价值倾向、家国情怀等;另一方面,教师可以通过深度挖掘,在已有思政元素的基础上进一步拓展和开发。课程内容应体现时代性,教师在知识传授中应注重主流价值观引领。在专业课"课程思政"的挖掘与融入中,要注意"课程思政"不是简单的"课程"加"思政",由近及远、由表及里、潜移默化地引导学生理解社会制度的历史性变革和国家取得的历史性成就,应在扎实的文献研究和社会调查基础上,把家国情怀自然渗入课程的方方面面,实现润物无声的效果。

1. 探究式教学法

以融入思政元素的问题导入教学,层层深入通过探究式的任务驱动教学,开篇设置一系列问题,构建学习任务,在学习任务中融入思政元素,提出问题引发思考:中美经贸摩擦中美国对中国产品征税真的如特朗普的推特中所预测那样,大部分税收都由中国消费者承担吗? 继而联系要解决一个简单而敏感的问题:当政府对一种物品征税时,谁实际上承担了税收负担? 是购买此物品的人,还是出售此物品的人? 或者,如果买者与卖者分摊税收负担,什么因素决定如何分配税收负担? 政府能简单地通过立法来分配税收负担吗? 还是要由更基本的市场

力量来决定税收负担的分配？这一系列问题的回答，需要用一个专业术语来完成——税收归宿(tax incidence)，税收归宿是指税收负担在市场参与者之间进行分配的方式。这种探究式教学，不仅加深了学生对概念的理解，还能够培养学生认知、系统归纳和逻辑推理的能力。

2. 引导式教学法

以学生为中心，构建新知识，提高学科素养。在充分认识原有知识的适用范围的基础上，学习新思想、构建新知识。新的问题引入后，让学生主动参与分析过程，而不是把重点放在记忆结论上。通过与老师、其他同学的共同讨论，分享别人的思维过程，能帮助学生从多个侧面理解知识点并激发学习兴趣。譬如，关于富有需求弹性和缺乏需求弹性的讲解，采用类比分析的方法。如果直接讲授，很容易导致学生听得一头雾水。为了帮助学生真正理解抽象概念，通过对比两个实际政策产生的事与愿违的效果进行发掘区别，进而巧妙总结知识点。这种从学生所具有的知识出发、引领其探究新知识的教学方式，符合学生的认知规律，能够激发学生积极思考和参与课堂，突出学生主体地位，实现教师与学生的有效互动。

3. 建立协同效应

经管类专业课程并非简单地与思政融合，使其相互拼凑，而是构建协同效应，在对经济学内容给予讲解的同时，能够融合思政，避免思政教学突兀。如今思政融合仍处于建设与探索阶段，在经管类专业课程中，可以导入一定思政案例，让学生通过对思政案例的分析，深化经济学知识，这样既能对单一经济学模式予以改进，还能使专题讲解得以深入。在这个过程中，可以导入多媒体影音，把其作为经济学辅助教学有效手段，不仅能发挥融合价值，展现协同作用，还能对经济学情境进行深入，达到育人于理的目的。由于多媒体影音较为灵活，并且内涵丰富，拥有良好交互效果，无论是在经管类专业课程教学上还是在思政融合上都有较大作用，教师播放改革开放前期经济状况视频，并与改革后进行对比，这样既能强化改革开放予以国内经济重要性，让学生深入理解，还能增强学生的爱国情怀。

4. 案例与实践结合法

关注社会热点,激发爱国情怀采用案例教学与实践性教学,不仅能激发学生学习的积极性,还能加强教学的针对性和实践性,在提高学生专业水平的同时,引导学生情感共鸣和升华。案例教学,如中美经贸摩擦相关报道以及新冠疫情发生后,国家和政府是如何通过多方努力来保障民生,保证国内经济稳定发展,让学生身临其境在实例中学习和掌握知识,并鼓励学生课后阅读案例研究,理解所学知识是如何应用到现实世界中。实践性教学,如网站制作者的价格决策,将课堂教学与实际生活、工作情境相融合,引导学生积极探究,使学科问题社会化、情境化、生活化。在教学过程中,不断提醒学生留意观察生活中见到的各种经济关系,鼓励学生把经济学思维运用到日常生活中。

5. 游戏体验教学法

调研发现,在经济学教学过程中穿插合适的小游戏,可以激发学生的学习兴趣,发散学生思维,活跃课堂气氛。比如,在博弈论教学中加入游戏导入:请每人从1—100中选择一个整数(包括1和100),然后求出所有数字的平均数。如果你所写的数字最接近该平均数的1/2,你将在游戏中胜出。学生在游戏过程中体会到自己能否取胜,不仅取决于自己的选择,还取决于他人的选择。启发学生思考相关的课程思政内容,即想要在游戏中胜出,必须博览全局,学会换位思考。

6. 专题展示教学法

专题展示教学法要求教师熟练经管专业课内容,了解经济学发展及前沿,精心打磨"热度性""重要性""趣味性""疑难性"等主题,让学生分组进行专题展示。通过展示,提高学生的创新能力。在展示过程中,鼓励学生采用多种方式,如案例分析、情景剧、角色模拟、拓展训练、知识竞赛和辩论等形式,追求创新。提高学生的学习兴趣,学生围绕生活中的热点、焦点问题进行展示,学以致用,感受经济学的魅力。落实以学生为主体的经管类专业课程教改目标,培养学生的独立思考能力、团队协作能力、语言表达能力、创新能力、沟通能力等。

7. 情境教学法

教学过程中结合所学内容适当展开情景模拟训练,让学生在模拟的境界学情境里,深入分析如何发现问题和解决问题。情景教学方法使学生锻炼和提高了各项专业技能,同时也培养了社会科学学习中所必需的精神和逻辑思维能力。

8. 换位授课法

在课程讲授过程中,个别章节教师可以与学生进行角色换位,让学生来讲解。这种教学方法充分调动了学生的积极性,使学生从机械地听课变为自己探索与思考,能够帮助学生养成更好的思维方法和学习习惯。

9. 启发式教学法

在经管类专业课程教学过程中经常运用启发式教学法,启发学生在日常生活中感受经济学知识的运用,并利用经济学知识分析和解决问题。

第三节 "全员育人"理念下
经管专业教师课程思政能力的培养和提升

一、激励教师延展育人时间,提升教师职业素养

大学的良心基于大学的教育功能,基于拥有一大批立德为先、教书育人、淡泊名利、甘于奉献的优秀教师,如不顾身体疾病,仍然坚持给学生改作文的文学大师朱自清;把爱国之情、强国之志、报国之行融入祖国改革发展伟大事业之中的"千人计划"专家黄大年,他们展示了专业课教师投入思政工作的品格与风骨。在高校立德树人过程中,如何采取有效的措施鼓励专业课教师主动参与到课程思政的建设实践中来,对于实现立德树人至关重要。教师是课程思政的关键实施者。对于高校教师,老师是第一身份,教书是第一工作,上课是第一责任。作为经管类专业课程的任课教师,应当做政治过硬、业务精湛、育人高超、技术娴熟,同时拥有大胸怀、大境界、大格局的新商科好老师。好教师与好课程相互助力,专业课的课程思政需要精心设计,这对教师既是机遇也是挑战,不仅是课程

建设的需要、教师成长的需要,更是立德树人的要求。

丰富专业课教师的德育学习平台。时代的发展瞬息万变,社会也在时刻进步,专业课教师"唯知识论""满堂灌"的课堂授课方式与培养全面发展大学生的教学目标已经格格不入,如何使专业课教师适应时代的变化,掌握足够的知识,对社会热点、大学生心理情感、学习需求等有敏感的反应和把握,勇于并正确回答学生困惑、社会问题、时代课题,实现教师自身的"蝶变",帮助他们以更优越的条件投身到课程思政之中,接受学习、提升自我是重要途径。教师对学生的教育就如同在往一根细小的芦苇管中注入液体,如果你从这一端注入了苦涩的汁水,在另一端流出的也不会是甘甜的蜜汁。"人只有通过人,通过同样是受过教育的人,才能被教育",好的教师不是自然成就的,也不是从天而降的,因此,高校必须要为专业课教师提供学习平台,拓宽学习渠道,实现教育者先受教育,提升专业课教师的教书育人能力,使教育者与现实同步、与时代同步。教师如果不进行教育与自我教育,就会丧失教育能力,就会不可避免地沦为无知或盲目、陷入陈旧和落后。在专业课教学方面,如何帮助教师及时结合社会热点、实际问题,运用和掌握能够吸引大学生的授课方式与技巧,渗透式地开展大学生思政教育,从而通过实现专业课课堂内容、观念、方法等方面的创新,增强课堂的吸引力与实效性,教师先受教育是重要方式。

首先,高校应研究并实施"课程思政转化工程",破除各专业课教师投身思政工作的认知阻碍和实施障碍,为其投身思政教育工作提供广阔的空间和舞台。各大高校应设立专门部门,及时研究各专业的就业前景、市场招聘需求、毕业生成功励志人士以及与各专业密切相关的时事政治、相关政策等思政教育资源,通过对专业课教师定期开展现实资源的讲座与培训,指导专业课教师不断地更新课堂教学的内容。除讲座、培训等形式外,高校也可以运用网络等媒体资源对专业课教师进行信息共享,使其及时、有效地掌握相关资源。其次,高校有关部门也要及时了解各大高校中在课程思政工作方面做出突出贡献的专业课教师,或是能通过独特的方法成功进行思政渗透的专业课教师,通过上报高校财务,预算拨款购买其网络课程或使教师实地考察学习,为本校专业课教师提供提升自我的机会。再次,要对专业课教师进行心理方面的综合教育。要实现知、情、意、信、行的自我确信与认证,专业课教师应掌握一定的方式,对心理学知识有一定的了解。心学大师王阳明在平定宁王、铲除匪患等战事方面所取得的一系列重大成就无不与他掌握了心理分析方法有密切的关联,专业课教师若想在课程思政上取得较好的成效,掌握大学生的心理特征十分重要。最后,各教学职能部门要设立交流研讨空间,构建学习共同体,独学无友,则孤陋寡闻,高校各院系应督促本系部的所有教师积极参加并对如何掌握信息、有效运用信息、如何提升大学生的思政效果等问题进行探讨与交流,使所有教师可以在课程思政的实践中以恰当的方式进行知识讲授,并引导大学生可以"化知识为德性""化德性为德行"。

总的来说,高校应使专业课教师认识到接受教育与学习的重要性,通过学习促使他们准确把握学生的成长规律、认知规律、知识掌握规律、心理发展规律等,充分利用专业优势并"注意按照时代的需要和特点,把知识讲解与智力发展、学会学习与学会生存、获得知识与实际应用、思想品德与智能形成尽可能地统一在一起",做到"思政课程"与"课程思政"协同推进,引导大学生在学习专业知识与技能的同时关注社会。

二、融合思政教育专业教育,挖掘课程育人元素

加大对挖掘专业课课程所蕴含的思政教育资源的支持力度,丰富课堂教学,打造"金课",是课程思政的必然要求。有的专业课教师对于社会、生活中存在的一些思政教育资源没有充分掌握和利用,在课程中结合思政元素进行培育也较为欠缺,目前,对挖掘各专业尤其是理科、工科专业所蕴含的思政教育元素尚处于起步阶段。因此,为使专业课教师能在课堂上充分结合现实资源、贴近生活进行教育,建设好课程思政,高校应为其提供相应的条件和路径,鼓励并协助专业课教师充分挖掘、运用思政教育资源。

首先,人、财、物对于挖掘思政教育资源具有决定性的作用,高校要加大对专业课领域中挖掘思政资源的经费支持,做好经费的预算与拨款。各个专业所蕴含的思政资源不尽相同,高校要成立专部,在对学院、专业进行评估分析的基础

上,给予不同程度的经费支持。

其次,加大对挖掘专业课中所蕴含的思政资源的人力支持,如在电气与信息工程学院、机械与运载工程学院、土木工程学院等工科院系,单纯对大学生讲授我国飞机、航母、建筑材料及技术的科技创新性、高质量发展,仅仅从语言层面激励学生的民族自信心与爱国主义情怀,已不能深入学生的心灵,赢得他们的共鸣。为深刻激发大学生的自豪感、责任感与使命感,高校可引入最新产品的模型给学生提供实际接触与试验的机会,也可通过校企合作,聘请专业人员运用专业技术,向大学生作出模拟与展示,抑或通过专业课教师带领大学生进入公司、企业,进行情境教学,使大学生能够身临其境,通过对人类创造力的强烈震撼以及科技强大对祖国带来的荣光而激励自己踏实求学、勤勉创新、不断上进,时刻拥有报效祖国的热忱与信心。

再次,对于学院创造出的思政资源的成果,高校也要组织进行展示和评比。如在影视专业中,专业课教师可以组织学生成立专门的制片小组,设置导演、演员、特效师等角色分工,以"红色经典""大国崛起"为主题,结合学校附近的教育题材,指导并协助他们制作微型影视剧作,参加校园文化大比拼。对于音乐舞蹈专业而言,教师可以确定"红色基因""革命精神""复兴之路"的主题,鼓励学生编排舞台剧、创造音乐作品,大力支持学生原创,增强价值引领。对于工科专业,教师可以组织学生成立科研创新团队,对国家尚在研究、未能研究的科学技术问题进行攻坚克难,使他们可以在自己的努力下,推动科研进步一小步,自身综合素质提升一大步,对学生完成的作品学校可聘请专门的工作人员对其指导和评价,对优秀成果给予奖励和宣传。在这一学习过程中,调动大学生的积极性,通过学生的主动性去完成资料收集、自导自演、实践创新,以使他们在获取专业知识的同时,获得心灵的感悟与提升,成为新时代励志的奋斗者。

最后,要加强经费支持,在课程中挖掘和赋予思政教育的要素,需要找到教学知识与思政教育的最佳结合点,教师间的交流探讨必不可少,通过教师集体探讨与交流,不仅可以碰撞出思维的火花,而且可以促进教师更好、更有效率地运用教学资源,将课程思政工作做得更扎实、有成效。相信在高校的大力扶持与教师的不懈努力下,专业课教师也定能像哲学家培根在《新工具》一书中所譬喻的"蜜蜂型"教师一般,通过博采众长,为学生酿造出甘甜的蜂蜜,将课程思政建设得有声有色。

三、以科研促实践,加大专业课教师科研支持力度

马克思指出:"社会生活在本质上是实践的",这为高校同时运用教育理论和实践两种方法培养大学生提供了直接的理论依据,同时也表明了课程中思政教育的实践在大学生思想政治形成过程中的重要性。课堂教学、科研、实验等实践活动是使大学生养成良好的思想品德和行为习惯的关键环节,专业课教师在课程中实现大学生思想、政治、道德素质的提升也是在课程实践环节中完成的,课程思政的实践工作至关重要。与此同时,实践与认识密不可分,认识也对实践具有重要的反作用,实践如何能做得更好,依赖于我们认识的提升,科学理论研究作为认识提升的重要途径,是与课程实践互相补充、密不可分的。在促进高校专业课教师的课程思政实践时,要达到目的,就离不开科学理论的指导,"理论是行动的指南,没有革命的理论就没有革命的运动,没有正确的理论就没有正确的行动",反之,也"只有在实践中才能产生正确的理论",理论只有在实践的过程中,"才会变成巨大的物质力量","理论只有回到实践中去,才能得到检验和发展"。因此,高校应重视理论与实践的相互关系,正确处理二者的关系,要正确地看待科研理论与课程思政的实践,设立课题等科研基金立项项目,使科研与实践相互促进。科研与实践对于推进专业课教师实践课程思政的工作不可或缺。高校应坚决杜绝科研与实践"两张皮"的现象,积极鼓励专业课教师申报省级、国家级所设置的与大学生的课程思政教育相关的科研立项及课题基金项目,并提供科研经费等方面的支持与资助,保证其进行扎实的理论研究。为动员各专业课教师参与课程思政的理论研究,各高校也可设置相关项目的研究,围绕"专业课课堂如何挖掘思政教育资源""课程思政如何有效建设""专业课教师如何提升大学生的思想政治素质""如何激励专业课教师积极发挥思政教育作用"等主题内容设置研究项目,通过专业课教师个人或群体自主申报、学校审批、中期汇报、成果

结项、学校核查等流程,完成对相关课题的研究任务。在项目结题后,高校应成立专业分析团队,认真对待各课题的科研项目研究成果,有效分析并运用科研项目的结果,将具有可操作性的建议付诸实际,针对具体状况提出可行的建议,破除各专业课教师在课程思政中的实践壁垒,通过合理且有效的路径使其投身其中,形成以科研促实践、以实践促科研的互利局面。

第四节
科学的经管类专业课程思政评价体系建设

随着高校经管类专业课程思政建设的推进和发展,相应的评估机制亟须健全完善。健全机制能规范对课程思政建设质量和效果的全方位评价,利于经管类专业课程思政建设的管理者、设计者、实施者和参与者等的相关各方根据考核评价结果等及时发现问题,解决问题,不断改进并完善,促进科学决策的形成制定,从而推进课程思政建设的顺利进行和目标的成功实现。

经管类专业课程思政建设必须建立健全考核评价体系。《高等学校课程思政建设指导纲要》指出,人才培养效果是课程思政建设评价的首要标准。各高校要建立健全多元、多维的课程思政建设成效考核评价体系和监督检查机制。要把课程思政建设成效作为"双一流"建设监测与成效评价、学科评估、本科教学评估、一流专业和一流课程建设、专业认证、院系教学绩效考核等的重要内容;要把教师参与课程思政建设情况和教学效果作为教师考核评价、岗位聘用、评优奖励、选拔培训的重要内容。在教学成果奖、教材奖等各类成果的表彰奖励工作中,突出课程思政要求,加大对课程思政建设优秀成果的支持力度。

一、经管类专业课程思政的评价对象

经管类专业课程思政建设的目标是实现知识、素质和能力"三位一体"的教

育效果,确定经管课程思政建设成效评价的对象应兼顾经管课程教育和思政教育的双重特点和要求,综合考虑课程思政建设诸多方面因素,实现价值取向多元化。评价考核的重点对象可设定为教师思政能力、思政教学过程、学生思政成效三个关键项。教师思政能力主要表现为教师专业知识能力、教师思政知识能力、教师融合能力。思政教学过程主要包括经管课程思政目标的设计、教学模式、思政融入策略,以及教学过程中思政内容的整体性、广度和深度。学生思政成效主要包括学生对课程思政教学的态度、课程思政教学的效果和收获等,重点考察经管课程思政教育是否帮学生树立了正确的世界观、价值观、人生观,是否把正确的价值观内化与心,外化于行。

二、经管类专业课程思政的评价内容

《高等学校课程思政建设指导纲要》指出:"课程思政建设工作要围绕全面提高人才培养能力这个核心点。"因此要注重人才培养效果。经管类专业课程思政的评价内容应围绕人才培养效果,根据课程思政的评价对象来设立具体的评价内容,对课程和教学各方面、各环节进行价值分析和判断,为课程的建设和发展提供有效的信息反馈。经管类专业课程中思政教育的评价内容既应评价经管课程中融入思政内容的整体性,也应评价思政内容与经济专业知识融合的策略方法、活动任务的设计安排,学生的参与情况等成效相关因素。经管类专业课程思政建设评价内容需要描述并评判"先在因素",即课程思政建设的前提条件;"实施因素",即课程思政教育实施过程中教师、学生等有关参与人和事的际遇。经管类专业课程思政建设评价内容还应包括"结果因素",即思政建设产生的全部影响。评价者制定计划方案,依据评价范围和内容分别收集描述和评判两个模块所需材料和信息。描述模块资料信息包括:(1)课程思政建设前提条件。例如:经管专业课程的思政内容,经管专业教师的思政能力,学生的专业知识技能水平,学生对所学语言代表的社会文化知识的了解和态度,学生对我国文化传统的了解和态度、学生的学习态度和批判性思维能力等。这些前提条件能为经管专业课程思政成效评估提供切实可靠的参考。(2)课程思政实施过程的细节情况。例如:经管专业课程思政内容的挖掘和整理,经济学专业知识技能与思政内容融合的方法策略,经管课程思政资源建设和利用,课堂上教师对学生社会主义核心价值观和意识形态等思想政治方面的引导启发,师生或学生之间的交流,教学活动的安排,学生任务的完成情况,成绩评定和管理方法等。这些都是成效达成的重要因素。(3)课程思政建设实施结果和全部影响。例如:学生获得的专业知识技能、跨文化交际的能力、政治思辨能力,学生的学习态度和意识形态,教师课程思政建设的体会和收获,社会及用人单位对学生的反映和评价等。评判模块材料信息也按上述三类因素收集,包括计划应达到的标准和实际实现的情况两方面内容。评价者比对计划结果与实际结果的相符程度,判断建设目标任务的达成情况,分析产生特定结果的条件和方法,对成效进行考核评估。

三、经管类专业课程思政的评价标准

"评价的本质是价值判断,而价值判断的基础是评价标准。因此,评价标准的制定是构建课程建设考核评价体系的关键。"制定经管类专业课程思政建设成效评价标准应依据《高等学校课程思政建设指导纲要》、专业教学指南、高校人才培养目标要求、教学质量国家标准等政策方针,遵循客观性、发展性、全面性和多样性的原则来制定。《高等学校课程思政建设指导纲要》指出:"人才培养效果是课程思政建设评价的首要标准。"因此经管类专业课程思政建设的标准要以此为核心,来制定具体的评价标准。

经管类专业课程思政建设的标准首先要体现专业教学指南、教学质量国家标准、《高等学校课程思政建设指导纲要》的总体要求。根据《教学质量国家标准》对人才培养素质要求,经管专业学生应具有正确的世界观、人生观和价值观,良好的道德品质,中国情怀与国际视野,社会责任感,人文与科学素养,合作精神,创新精神以及学科基本素养。经管类专业课程思政建设的一个重要标准就是培养学生的世界观、价值观、人生观(简称三观),把三观建设同经管类课程密切结合起来,既要培养学生良好的道德品质,同时要体现出经管课程的特点,学习中国传统文化,同时吸收国外的先进文化,去其糟粕,既要有中国情怀,又要有

国际视野,能更好地为我国社会主义建设服务。

经管类专业课程思政建设的第二个标准就是看课程思政教育是否融入了知识能力的培养中。课程思政建设不同于思政课程建设,经管类专业课程思政建设就是要在培养学生各项经济知识能力的过程中寻找思政切入点,把思政建设融入课程建设中去,真正做到润物细无声。经管类专业课程思政切入点应结合各门课程的特点,思政因素多的、容易融合的可以适当多一些相关内容,课程思政元素少的,可以适当减少思政元素的融入,不能一刀切。

经管类专业课程思政建设的第三个标准就是思政建设效果是否能让学生内化于心、外显于行。人才培养效果是课程思政建设评价的首要标准,思政元素内化于心、外显于行就是人才培养效果的最好体现。经管类专业课程思政建设要通过课程建设传授正确的世界观、价值观、人生观,还应通过各种实践教学来践行。

四、经管类专业课程思政的评价方法

经管类专业课程思政教学评价的价值归宿不在于评判,而在于解决问题。因此,要以人才培养效果为基本遵循,开展课程思政教学的主体性评价、过程性评价和绩效性评价,以此实现课程思政教学可评价、进考核和常督查,进而对课程思政教学质量评价做出整体性规划。

（一）科学开展课程思政教学的主体性评价

专业课教师是开展经管专业课程思政教学的主要实施者,更是决定课堂主渠道是否起到价值引领作用的关键性因素。因此,有必要对经管专业教师进行主体性评价,以此检视课程思政教学效果。通过教学设计检视专业课教师的思想与行为,考察他们能否对学生进行正确的价值引领,这是对教师主体性评价的基础前提。同时,对专业课教师的课程思政建设意识进行权衡考量,通过教学内容对专业课教师的课程思政意识进行定性分析,对专业课教师是否积极参与课程思政建设进行定量分析,以此检验课程思政教学的准备环节是否出现断档和错位。

（二）精准实施课程思政教学的过程性评价

过程性评价需要科学评判经管课程思政具体实施过程中思政元素是否挖掘充分、提炼得当，从教学观点中研析课程思政元素是否有效承载主流意识形态引导价值，结合经管专业课程教学目标判断课程思政元素是否符合各类经管课程特点，依据教学活动检验课程思政元素是否满足学生成长发展需要。此外，还需要评判课程思政元素是否与时俱进。对于课程思政教学的过程性评价，关键在于专业课程与思政元素是否做到了基因式融合。这就需要通过教学过程中学生的知识习得以及社会实践来验证课程思政教学的融入度。同时设计相关指标考察课程思政教学对学生的影响度，检验课堂教学是否起到了价值引领作用，以此剖析课程思政教学的育人效果。

（三）健全课程思政教学的绩效性评价

有效发挥绩效考核的"指挥棒"作用，需要把效能、效率、满意度和可持续性指标纳入课程思政教学质量评价环节。课程思政元素是否发挥效能是衡量课程思政教学成效的前提条件，课程思政教学方法是否有效是检验课程思政教学成效的现实基础，学生对课程思政教学的满意度和获得感是课程思政教学成效的检验标准，而课程思政教学的可持续性发展则是课程思政建设的价值归宿。四个指标蕴含着不同的价值理念，层层递进贯穿于课程思政教学全过程，为课程思政教学质量评价提供指标参考和价值依循，构成了课程思政教学的绩效性评价。同时需要对课程思政教学进行建章立制，把专业课教师参与课程思政建设情况和教学效果作为教师考核评价、评优奖励和教学培训的重要内容。确立课程思政教学过程性监督机制和效果反馈机制，对课程思政教学进行整体评价，从而形成科学有序的课程思政教学质量评价体系，以此反哺课程思政教学全过程。

五、经管类专业课程思政的评价体系

要系统评价课程思政建设的成果，首先就是要构架一个系统的评价体系。课程思政的建设标准，包括 4 个一级指标：教学管理、教学团队、教学研究、教学特色；11 个二级指标：课程设计、课堂教学、教学质量、团队构成、能力素养、师德师风、教学研讨、教学改革、社会评价、表彰评价及其他;19 个三级指标,并提出"专业思政"建设的基本标准,见表 5 - 1。

表 5 -1 经管专业课程思政建设标准

一级指标	二级指标	三级指标	指标类型
教学管理	课程设计	课程纳入本科专业人才培养方案。在课程建设周期内,实际开设不少于 2 轮次。	A*
		充分挖掘和运用各学科蕴含的思想政治教育资源,促进思想政治教育与专业知识教育的紧密结合,使课程教学与思想政治理论课同向同行,形成协同效应。	A
		使用合理、合法、合规的教材,确保教材政治立场、价值导向、科学性等方面符合要求。	A
	课堂教学	加强课堂教学管理,认真讲好每一堂课,遵守党和国家大政方针,弘扬社会主义核心价值观,基于课堂教学要求严谨、认真地研究讲授知识、提出观点。	A*
		积极开展教学方法改革,注重理论联系实际,使用案例教学,加强课堂师生互动、生生互动,组织学生以讨论、研讨、发言、演讲的形式参与到课堂中,促进学生独立思考、用于表达。	B
		优化教学手段,深度融合现代信息技术与课堂教学,建立课程网站,拍摄不少于 8 个课程教学视频,实现线上、线下,课前、课中、课后全过程教育。	B
	教学质量	建立完整的课程档案,包括课表、讲义、学生名单、学生考卷、学生成绩单、教学反馈问卷等。	B
		学生评教结果优良,评教排名居所在教学单位 1/4。	A
		开设公开课,有院系领导、教学督导、教师同行听课反馈意见,评价优良	A*

续表

一级指标	二级指标	三级指标	指标类型
教学团队	团队构成	课程教学团队应不少于3人(包括课程负责人),组建一支结构合理、人员稳定、教学水平高、教学效果好的教师梯队。	A
		团队项目负责人每一轮次实际授课比例不低于总课时的30%	A*
	能力素养	坚持正确的政治方向,具有过硬的专业知识素养和政治理论素养,课堂讲授过程条理清晰,语言准确生动,与学生有良好互动,体现出良好的风貌。	A
	师德师风	有良好的思想品德、职业道德、责任意识和敬业精神,在教学中坚持教育和育人相统一,坚持言传和身教相统一,坚持潜心问道和关注社会相统一,坚持学术自由和学术规范相统一,无学术不端、教学违纪现象。	A
教学研究	教学研讨	课程建设期内,主动学习思想政治理论最新成果,并将其融入课程教学中,每学期开展或参加课程思政相关学习讨论至少2次。	A*
	教学改革	收集整合课程建设的过程性材料,提炼教学成果,总结优秀教学经验,形成教学简报,每学期提交至少一份简报。	A
		积极开展教育教学改革研究,申报各级各类课程思政教育教学改革研究项目,撰写一篇相关研究论文。	B
特色项目	社会评价	课程思政项目负责人或课程或媒体报道、刊物刊载,在社会上引起关注和反响。	B
	表彰评优	课程获评省部级、国家级课程建设项目或荣誉称号。	B
	其他	能够推动课程思政建设工作的特色项目,如:自编教材等。	B

注:A*为核心指标,A为重点指标,B为基本指标。

该课程建设目标针对教学过程中所涉及的层面进行了设计,对于经管类课程思政建设的评价体系建设具有重要的启示意义。经管类专业课程思政建设的评价体系还应该包括教师和学生两个方面的内容,建立经管专业教师思政能力评价体系和学生思政教育成效评价体系。

经管专业教师思政能力评价体系可以从两个方面来建构:知识能力与融合能力。知识能力可以具体分为:(1)对国家大政方针的掌握;(2)对中国传统文化的理解;(3)专业知识能力。融合能力可具体分为:(1)思政元素的挖掘能力;(2)思政元素的整合能力;(3)思政元素与专业知识的融合能力。

学生思政教育成效评价体系可以从态度、认知、接收与践行四个方面来建构。态度主要考查学生对经管类专业课程思政融入的接受程度,认知方面主要考查学生是否认识到经管类专业课程思政建设的重要性,接受方面主要考查学生是否学到了相关知识,践行主要考查学生在学习生活中是否能够应用所学知识理念来指导自己的行为规范。

第七章
高校经管类专业课程思政实践教学案例
——以"国际贸易实务"为例

一、课程思政教学设计思路

（一）课程基本信息

本课程为国际经济与贸易、国际电子商务等专业学生学习国际贸易基本理论、掌握国际贸易基本操作技能的必修课，修读对象为大二下学期学生，先修课程为国际贸易学、国际经济学。

（二）课程目标

通过本课程的学习，学生能够达到以下目标：

1. 知识目标

本课程遵循理论部分"必需、够用"的原则，在教学中较多地体现实践性，密切结合我国进出口贸易工作实际，突出重点，加强案例和实训教学，通过本门课程的学习，要求学生既要熟悉国际贸易进出口操作实务的基本理论和知识，掌握进出口业务的操作流程以及各种贸易术语及专业知识，又要能够独立完成进出口业务的各个操作环节手续，掌握一定的从事国际贸易业务的操作技能。

具体知识目标如下：

（1）了解国际贸易趋势，以及当前的国际形势对国际贸易发展的影响；

（2）理解国际贸易术语的内涵和具体规定；

（3）掌握各种贸易术语下商品价格核算的方法及价格条款的制定；

（4）理解商品的品质、数量和包装条款及相关的国际贸易惯例；

（5）掌握不同贸易术语之间的换算；

（6）掌握进出口交易磋商和签订合同的程序及步骤；

（7）了解进出口合同包含的内容条款；

（8）了解国际货物运输的方式，掌握海洋运输的装运条款及运输单据；

（9）理解海上货物运输保险的承保范围，掌握我国海洋货物运输保险的险别；

（10）了解报关报检的流程；

（11）掌握国际贸易结算方式；

（12）了解国际贸易中商检、索赔、不可抗力和仲裁条款。

2. 能力目标

通过本课程的学习，使学生掌握国际贸易实务操作的基本方法，通过市场调研、模拟谈判、制作单证等各个环节的操作，提高自身的进出口业务水平和动手能力，具备从事国际贸易业务的职业能力。

具体能力目标如下：

（1）能制作国际市场调研报告；

（2）能全面展示商品信息，完成出口计划书；

（3）能选择适当的贸易术语出口；

（4）能核算商品价格进行报价；

（5）能撰写发盘函；应对客户还盘；

（6）能拟定国际货物买卖合同；

（7）能审证改证；

（8）能办理租船订舱；

（9）能办理国际货物海洋运输保险；

（10）能办理商检报关；

（11）能制作出口结汇单据；

（12）能理智处理业务纠纷。

3. 素质目标

（1）培养诚实守信的品格；

（2）养成踏实严谨的作风；

（3）形成风险防范意识；

（4）树立团队合作精神。

（三）课程内容简介

"国际贸易实务"是一门主要研究国际货物买卖具体过程及相关活动内容与商务运作规范的学科，也是一门具有涉外商务活动特点、实践性很强的综合性应用学科，是国际经贸类专业的一门专业必修核心课程。它的核心性还体现在它是"商务英语函电""国际货物运输与保险""国际商务谈判"等课程的基础和先修课程。"国际贸易实务"课程除了开篇引入国际贸易实务术语之外，主要围绕合同展开，包含以下部分内容：一是交易前的准备，在这部分需要把握国家的贸易政策、做好出口计划的编制与经营方案，出口货源的组织以及建立客户关系和推销网等。二是交易过程中的谈判，谈判需要一定的技巧和方法，谈判的内容主要就是各项合同条款，对涉及的核心条款如价格条款、运输条款、保险条款、支付条款等要逐条把关，一旦出现失误，将为后期履行合同带来困难。三是签订合同，这是谈判成功之后将各项条款赋予法律效力的一个必要环节。四是履行合同，就是按照合同中的各项条款认真执行，包括发货、办理运输、保险、报关、交单等程序。五是违约处理，如果合同履行中出现问题，还要涉及违约的处理问题等。

二、教学内容展示

第一章　绪　论

教学目的与要求

引导学生了解当前世界经贸形势，熟悉学科位置、课程的研究对象、研究范围和内容以及国际贸易和国内贸易的区别。

教学基本内容

一、国际经贸形势。

二、国际贸易的研究对象、研究范围和内容。

说明国际贸易学的学科位置,和研究内容,复习国际贸易概论的内容,引出本课程。

三、国际贸易和国内贸易的区别。

课上讨论:

国际贸易和国内贸易的区别。

课后作业:

1. 请学生课下关注经贸热点问题;

2. 搜索重要的对外贸易网站和跨境电商平台;

3. 学习并绘制国际贸易实务流程、主要工作内容。

课程思政:

融合开放、科技强国、创新意识等。让学生们过数字感受到我国对外贸易的飞速发展,增强民族自豪感。

重点及难点

绪论部分着重让学生认识课程,了解专业,因此如何激发学生的学习兴趣以及增加对课程重要性的认识是本节的重点和难点。

第二章　国际贸易业务的基本流程

教学目的与要求

使学生了解进口贸易、出口贸易的基本业务程序和不同阶段的主要工作。

教学基本内容

一、出口贸易流程。

二、进口贸易流程。

课后作业:

1. 上网搜索,了解《国际货物销售合同公约》的缔约国范围。

2. 搜索网络信息,汇总近期京津冀区域的展览会、博览会和招聘会(毕业生专场)的相关信息。

3. 搜索主要的国际贸易网站,广泛浏览国际采购和国际供给信息。查找求职网站的专业相关岗位需求,了解自身差距及学好专业课的重要性。

课程思政:

1. 就业需求和个人能力如何匹配,如何树立自己的职业理想,思考自己应该成为怎样的人,并且应该如何努力。

2. 让学生了解优秀外贸业务从业人员需要具备的素质,鼓励他们在大学期间,努力让自己朝着优秀从业者靠近。

重点及难点

重点是使学生掌握国际贸易的基本流程,了解基本的贸易程序。讲授出口贸易准备过程中需要注意的问题,使学生对国际贸易有一个初步、概括的理论性认识。

第三章　国际货物买卖合同的磋商与订立

教学目的与要求

使学生了解国际贸易合同的磋商过程,掌握发盘、接受与合同成立的条件,了解不同法律文本对发盘、接受的主要分歧,掌握合同的主要内容与格式。

教学基本内容

一、交易前的准备工作。

二、交易磋商。

三、合同的签订。

课后作业:

1. 课后案例分析题;

2. 请同学们两人一组,借助外贸函电,模拟完成完整的国际货物买卖合同磋商环节,每人至少5封邮件;

3.观看合同订立章节在线课程,学习制作合同:2 人小组合作,自拟产品和贸易商,学习制作国际贸易合同。

课程思政:

中国在对外磋商中的案例分析,如何更好地理解并向国外客户解释中国传统文化和习俗,以及如何理解不同国家不同习俗及文化。

重点及难点

重点是使学生掌握国际贸易合同交易磋商及签订的过程以及合同的主要内容和格式,难点在于应使学生充分熟悉发盘、接受以及合同成立的条件。

第四章 商品的名称、质量、数量和包装

教学目的与要求

介绍品名、品质、数量和包装条款的基本概念与法律意义。让学生了解样品的概念与分类,了解《联合国国际货物销售合同公约》与《跟单信用证统一惯例》(《UCP600》)的有关规定,使学生掌握国际贸易合同中品质、数量和包装条款的订立方法与注意事项。

教学基本内容

一、商品的名称。

二、商品的质量。

三、商品的数量。

四、商品的包装。

课内补充:

国际认证标志,如 CE、UL 等。不同国家对于包装的偏好和特殊规定。

课后作业:

1.如果你成立了一家外贸公司,你最想做哪种产品的进出口生意? 给你的产品起名字,说明寓意。

2.查找感兴趣的商品的 HS 编码及其各种税率。

课程思政:

1.通过诚信经商的案例向学生介绍中国古代关于诚信经商的思想起源；

2.驰名商标保卫战。

重点及难点

重点是使学生掌握国际贸易合同中的品名、品质、数量和包装条款的订立和注意事项，难点是熟练应用理论分析实际情况。

第五章　贸易术语与商品价格

教学目的与要求

介绍国际贸易术语的含义、作用和理论基础，介绍有关贸易术语的国际贸易惯例。使学生了解国际贸易法律、规则与惯例的主要区别，理解主要贸易术语的含义及相互区别，熟练掌握《Incoterms2010》常用的六个贸易术语的用法。介绍影响进出口商品作价的主要因素、计价货币的选择、国际定价方法、佣金及折扣的概念。使学生掌握价格成本的核算方法，掌握不同贸易术语价格的换算，掌握签订合同价格条款的技巧。

教学基本内容

一、国际贸易术语与国际贸易惯例。

二、商品价格的掌握。

三、作价方法。

四、出口报价核算。

五、进口报价核算。

课后作业：

1.讨论不同贸易术语的异同，特别是作业 FOB 一组的异同，FOB 一组和 FCA 一组的异同；

2.自学 FCA、CPT 和 CIP；

3. FOB 和 FCA 的风险转移有什么不同；

4.佣金折扣、换汇成本、出口盈亏额和盈亏率的计算。

课程思政：

人民币自由化与民族自信。

重点及难点

重点是了解国际法律、规则与惯例的区别,理解主要的国际贸易术语,难点在于能熟练掌握不同贸易术语的含义和区别以及用法。掌握出口商品价格构成及其计算,以及不同价格间的换算,难点在于使学生能在一定程度上掌握签订合同价格条款的技巧。

<h3 style="text-align:center">第六章　国际货物运输</h3>

教学目的与要求

介绍各种运输方式及运输单据的概念和特点,使学生掌握各种运输单据的法律意义,掌握海运提单的相关概念、分类、制作方法,掌握《UCP600》的有关规定,掌握国际贸易合同中国际贸易运输条款的订立方法与注意事项。

教学基本内容

一、运输方式。

二、运输单据。

三、国际货物买卖合同中的装运条款。

课后作业:

1. 查找提单抬头的三种方式写法和特点,包括记名、不记名和指示;

2. 翻译相关装运条款、课后案例分析等。

课程思政:

1. 我国港口在世界排名中的绝对优势;

2. "一带一路"与我国的国际运输通道建立。

重点及难点

本章的重点在于海洋货物运输的特点、种类,海运提单的性质、作用及其内容,以及装运条款的主要内容和注意事项。难点在于掌握海运不同方式的具体操作,熟悉海运提单的性质作用、格式内容以及种类,以及装运条款的内容和注意事项。

第七章　国际货物运输保险

教学目的与要求

介绍国际贸易运输保险的基本原则、海上风险与费用的概念。使学生掌握中国人民财产保险股份有限公司的基本险别,了解协会货物保险条款,了解仓至仓条款的含义,掌握保险金额、保险费的计算方法,掌握我国进出口货物保险的基本做法。

教学基本内容

一、货物运输保险承保范围。

二、我国海运货物保险的险别与条款。

三、其他运输方式下的货运保险(自学为主)。

四、伦敦保险协会海运货物保险条款。

五、合同中的保险条款和进出口货运保险实务。

(发放保险单样单,结合习题掌握保险金额和保险费的计算)

课后作业:

1.计算保险金额和保险费,计算贸易术语的转换,了解保险单的填制;

2.思考国际货运保险险别的选择。

课程思政:

海难与国际救援。

重点及难点

教学重点和难点集中于海上货物运输保险的险别和承包范围,包括我国海洋运输货物保险条款以及伦敦保险协会海运货物条款,掌握保险金额以及保险费的计算。

第八章　国际货款结算

教学目的与要求

介绍国际贸易结算中主要票据的概念、特点与分类,以及主要国际结算方式的概念与方法。使学生掌握汇付、托收的定义和流程。介绍国际结算方式中信用证的定义、流程、分类及国际惯例,掌握起草和审核信用证的基本方法。

教学基本内容

一、票据。

二、结算方式。

三、各种支付方式的结合使用(自学为主)。

课后作业:

1. 根据给定信息进行票据的填制;

2. 利用样单学习信用证的内容和填制。

课程思政:

信用在国际贸易中的重要性;国家担保制对本国企业的保护作用。

重点及难点

重点在于三种主要结算票据的内容与使用,汇付与托收的内容及业务程序,信用证的内容及业务程序以及不同方式的选用和支付条款的订立;难点在于区分汇票、本票、支票的特点作用以及汇付、托收的流程,掌握信用证的流程,最重要的是熟练掌握信用证结算方式。

第九章 商品检验、索赔、不可抗力和仲裁

教学目的与要求

掌握检验的时间、地点,了解买方对货物检验权的有关规定,了解检验机构和检验程序等。介绍 WTO 成员方间贸易争端解决机制的目标和原则,使学生了解不可抗力的知识,掌握仲裁和争端解决程序方面的实务知识。

教学基本内容

一、商品检验。

二、索赔。

三、不可抗力。

四、国际贸易仲裁。

重点及难点

在于掌握检验证书的种类和作用的相关内容,难点是了解检验条款的内容及不同的检验实际问题。重点在于了解与贸易争端相关的不可抗力和仲裁的实务知识,难点在于掌握相关条款订立的注意事项及现实应用。

三、课程思政融入设计

教学内容	课程思政育人融入点	教学措施与方法
第一章 绪 论	本部分可以引入我国对外贸易的发展速度及发展质量,让学生建立大国自信、爱国;同时让学生了解外贸在我国经济发展中的重要作用、出口占 GDP 的比重、出口对我国就业的贡献度等,培养学生的使命感和责任感。	讲授法、视频、图片分享、案例分析
第二章 国际贸易的基本流程	在本章的教学中,引入遵守法律、法规意识的教育,强调惯例虽与法律不同,但对贸易的实践有指导作用,尽可能按照大家普遍认可的惯例来与外商进行贸易。	讲授法、案例分析、线上线下混合教学
第三章 国际货物买卖合同的磋商与订立	在与外商谈判时要遵守谈判礼仪规范,有礼有节,要有良好的心理素质,不卑不亢;同时作为外贸人员也要尊重客户宗教信仰,时刻维护国家形象和企业形象,不损害国家利益。在与买家邮件磋商时,应使用礼貌用语,及时快速回复,态度上应心平气和、不厌其烦。在签订合同时要强调契约精神。	讲授法、案例分析、线上线下混合教学、模拟谈判、讨论
第四章 商品的名称、质量、数量、包装	讲授商品的品质、数量等内容时,增加诚信问题内容的讲解。诚信是企业的生存之本,是买卖双方最重要的品质,只有双方秉承诚信的理念,内诚于心,外信于人,交易才能顺利进行。因此,在教学过程中要求学生在今后的工作中坚守"诚信"二字,严守道德底线,诚信做人、踏实做事。	讲授法、案例分析、线上线下混合教学

教学内容	课程思政育人融入点	教学措施与方法
第五章　贸易术语与商品的价格	在商品价格的教学中引入核算成本的重要性,不能做亏本的买卖,要货比三家,也不要一味强调自己赢利,要平等互利,实现双赢,贸易中只有双赢,贸易关系才能长期维持。在讲解佣金与折扣时,引入正确的金钱观、价值观,不能贪图个人私利,损毁公司信誉与利益。	讲授法、案例分析、线上线下混合教学
第六章　国际货物运输	需要严格按照贸易双方约定,选择资质好的运输公司,不得与运输公司串通,监守自盗。运输工作不能粗心大意,否则可能会导致货物在运输过程中损失惨重,可以教导学生要认真细致,不能粗心酿大祸。	讲授法、案例分析、线上线下混合教学
第七章　国际货物运输保险	在国际货物运输保险的教学中,引入风险意识教育,让学生认识到风险是未来损失的不确定性,风险会带来的后果及危害。要求同学们要增强风险防范意识,做好市场调查、信用调查等前期准备工作,加强理论学习,提高自我判断决策能力,贸易履行中认真对待每一个环节等,使一些风险在可控范围之内。另外就是要加强保险工作。	讲授法、案例分析、线上线下混合教学、视频观看
第八章　国际货款结算	在支付方式教学中,强调银行信用和商业信用的区别,在支付方式的选择上要考虑收付汇的安全性,选择合适的支付方式,从而规避可能产生的各种风险;强调在开立信用证的过程中,一定要遵守惯例和规则,从而再次引入法制观念教育,让学生意识到,遵纪守法是每个公民应尽的社会责任和道德义务。只有遵纪守法,国家才能文明发展,社会才能安定团结。	讲授法、案例分析、线上线下混合教学、讨论

教学内容	课程思政育人融入点	教学措施与方法
第九章　不可抗力和仲裁	在讲授争议的预防与处理时,再次强调风险预防的重要性,如果在发货前或收货前做好进出口货物的检验工作,就能很大程度上避免风险的发生。对于已经发生的风险和争议,要学会通过异议与索赔条款、不可抗力条款、仲裁条款妥善处理争议与纠纷,减少风险损失。	讲授法、案例讨论、线上线下混合教学
实验一合同商定	在模拟签订合同时,强调合同的多样性和复杂性,合同中责任、义务约定是签约各方享受权利、履行义务的重要依据,再次引入爱国这一关键词,教导学生在签订合同的时候能够自觉维护国家利益、社会利益、集体利益和公司利益。	讲授法实验教学
实验二出口托运定舱与出口投保装船	在制作托运单和保险单据时,要求学生要有敬业精神,在制作单据时态度端正、认真细致、不急不躁,耐心地完成各项单据的制作。对于客户提出的问题,要耐心地解答,不私自收取额外的财物和酬金,具有良好的职业道德。	讲授法实验教学
实验三信用证审核与修改	审核信用证、确保信用证安全可靠,是出口商安全收汇的保障,因此,需要教导学生依据合同和《跟单信用证统一惯例》严格审核信用证,特别注意要找出信用证与惯例不一致的地方,以及信用证中存在的"软条款",防止被骗。	讲授法实验教学
实验四进出口业务案例	全面解析出口和进口完整的案例,再次巩固所学知识点,及巩固思政重点,例如诚信教育、法制教育、责任心教育、爱国教育、道德底线教育,帮助学生树立正确的人生观、价值观。	讲授法实验教学

四、课程思政教育心得体会

随着时代的发展,中国面临很多的机遇,同时挑战也无处不在,要想实现民族复兴的伟大中国梦,需要我们一代又一代人的智慧和努力,这其中人才的培养是重中之重。而学校是承担教育任务的主体力量,要在教授学生知识、技能的同时,把育人的功能充分体现出来,传统的教育理念很难适应时代发展的新要求。

课程思政是在"三全育人"背景下提出的一种新的教育理念,是新形势下国家落实立德树人根本任务的战略性举措。思政教育与专业课堂融合,能够有效解决思政教育的困境,全面提高人才培养质量。

因此,对于专业课教师来说,不仅要在课堂上有限时间内要把专业知识尽可能多地传授给学生,让学生走出校园以后能够拥有过硬的专业知识和技能,同时肩负着育人的职责,在新的教育理念驱使下,专业课程中融入思政教育,我们的思政教育才会变得更加生动,因为和未来的工作联系密切,对于学生来说也更具体、更直观,这时候对学生进行价值引领,融入社会主义核心价值观的教育,能够达到更好的教学效果。

五、教学展示课件

集装箱container

是能装载包装或无包装货进行运输，并便于用机械设备进行装卸搬运的一种成组工具。

最大的成功

1、产品的标准化
2、建立的一整套运输体系

能够让一个载重几十吨的庞然大物实现标准化，并且以此为基础逐步实现全球范围内的船舶、港口、航线、公路、中转站、桥梁、隧道、多式联运相配套的物流系统，这的确堪称人类有史以来创造的伟大奇迹之一。

集装箱

2 集装箱的特点

节约劳动力 改善劳动条件
简化货运手续
节省了包装材料减少了经营费用
无需开箱
受天气限制小
减少货损货差

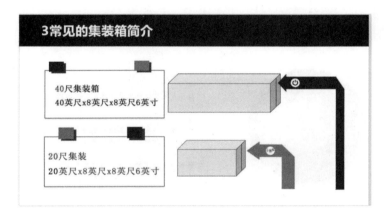

聪明的你猜一猜，为什么集装箱里的鞋子一只也没有少？

[猜一猜]

集装箱运输是安全可靠的运输器皿，但有时也会连箱带货被盗。故事发生在美国洛杉矶，当时盗贼把卡车偷偷开进集装箱场地，砸开集装箱后发现装的是售价为180美元一双的运动鞋，他们把集装箱挂在卡车上，满载而归。

但是笑到最后的却是警察，一周后，他们找到了被抛弃的集装箱，里面的货物完好无损。

① 课后作业

摸摸头，你是最棒的

① 小组讨论
用数据或案例说明集装箱发展对世界贸易的影响
② 拓展提升
《2022年上半年我国集装箱运输与多式联运运行情况分析》（中国知网）
③ 预习新知
智慧树——国家精品课程《运输单据》
（江西师范大学）

六、课程教学案例赏析

高铁技术招标引进谈判与中国高铁发展的大逆转

一、案例正文

（一）案例背景和意义

高铁已经成为中国的名片，中国高铁技术拥有完全的自主知识产权。2004年的中国高铁技术招标引进谈判是非常经典的国际招标案例，被写入斯坦福教学案例。中方提出"引进→消化→吸收→再创新"模式，制定高铁技术引进谈判原则，抢占国际谈判和技术引进的绝对主导权：第一，参与投标的企业只能是中国企业;第二,参与投标的中国企业必须得到拥有成熟技术条件的外国企业的支持。这场谈判是中国用市场换技术的经典案例,其他任何一个产业都未达到这样的高度。这场谈判奠定了中国高铁未来发展的基石,带来了中国高铁发展的大逆转。

（二）案例内容

2004 年 1 月,国家发展和改革委员会、交通运输部、中国铁路总公司印发的《中长期铁路网规划》提出建设"四纵"客运专线、"四横"客运专线和三个城际客运系统,客运专线建设里程将达到 1.2 万千米。

"四纵"客运专线:北京—上海客运专线,贯通京津至长江三角洲东部沿海经济发达地区;北京—武汉—广州—深圳客运专线,连接华北地区和华南地区;北京—沈阳—哈尔滨（大连）客运专线,连接东北地区和关内地区;杭州—宁波—福州—深圳客运专线,连接长江三角洲、珠江三角洲和东南沿海地区。

"四横"客运专线:徐州—郑州—兰州客运专线,连接西北地区和华东地区;杭州—南昌—长沙客运专线,连接华中地区和华东地区;青岛—石家庄—太原客运专线,连接华北地区和华东地区;南京—武汉—重庆—成都客运专线,连接西南地区和华东地区。

三个城际客运系统:环渤海地区、长江三角洲、珠江三角洲城际客运系统,覆盖区域内主要城镇。

这一宏伟蓝图的勾勒,让全球制造商都意识到,在中国这片 960 多万平方千米的广袤土地上,实现四横四纵的铁道网络贯通,将是一个史诗级的大事件。中国即将诞生史无前例的巨大市场。

2004 年,面对国内市场在铁路运力需求方面的爆发式增长,铁道部决定采用技术引进方式解决全国第六次铁路大提速面临的技术问题,提出"引进→消化→吸收→再创新"模式,这成为中国高铁技术日后实现跨越式发展的关键所在。经国务院批准,铁道部启动时速 200 千米的铁路动车组项目,计划向西方国家采购140 列时速 200 千米的动车组。2004 年 6 月 17 日,中国采购与招标网发布招标公告,这是一次特殊的招标,嗅觉敏锐的全球制造商都清楚,这次招标是未来全球最大市场竞争的一次预演。

在这次招标过程中,负责技术引进的是南车集团的四方机车车辆股份有限公司(以下简称"南车四方")和北车集团的长春客车股份有限公司(以下简称"北车长客")。当时,世界上有四家企业可以提供中国需要的高铁技术,包括德国西门子、法国阿尔斯通、日本川崎重工和加拿大庞巴迪。在这四家企业中,加拿大庞巴迪的实力相对薄弱,其他三家企业在技术方面各有所长。

日本是世界上第一个建成高速铁路的国家,新干线和富士山是日本的象征。川崎重工、日向和日立号称日本新干线铁三角,核心技术都掌握在这三家企业的手中。前来投标的川崎重工在与日立和日向的国内竞争中处于下风,处境日益艰难,急于在中国市场找到突破口。中国当时需要的时速200千米的高铁技术,对川崎重工来说,这只算二类储备技术,时速250千米和时速300千米的高铁技术川崎重工也有。

法国阿尔斯通当时正面临美国的高额诉讼,濒临破产。如果再拿不到国际大单,就只能向法国政府申请破产。

综合实力最强的要数德国西门子。其掌握着当时世界上最尖端的高铁技术,在转向车架和列控系统等核心技术上处于世界领先地位。德国西门子认为中国铁道部的谈判目标是德国高铁技术,所以在谈判初期就开出每列动车组3.5亿元人民币、技术转让费3.9亿欧元[①]的天价。

中国铁道部虽看中了德国的高铁技术,但是德国西门子极为傲慢,且漫天要价。对此,中国铁道部提出两条措施,将主动权掌握在自己手中:第一,参与投标的企业只能是中国企业;第二,参与投标的中国企业必须得到拥有成熟技术条件的外国企业的支持。招标公告的原文是这样写的:投标企业必须是在中华人民共和国境内合法注册的,具备铁路动车组制造能力,并获得拥有成熟的时速200千米铁路动车组设计和制造技术的国外合作方技术支持的中国制造企业(含中外合资企业)。同时,这次招标还规定了三个原则:第一,关键技术必须转让出来;第二,价格

---

① 2004年,1欧元=7.177元人民币。

必须降到最低;第三,高铁产品必须使用中国品牌。这些规定,让中国铁道部在这次时速200千米的高铁技术招标引进谈判中处于完全主动的地位。

以上这些谈判规则意味着,四家外国企业要进入中国高铁市场,就只能先把技术转让给中国高铁企业,然后与中国高铁企业联合投标,而合作对象只有两家企业——南车四方和北车长客。这种谈判格局让这两家中国高铁企业在高铁技术招标引进谈判中处于战略主动地位,也让中国铁道部拥有战略优势并掌握了谈判主动权。

为保证技术转让的质量,中国铁道部还规定:参与投标的外国企业必须在投标前完成与中国企业的技术转让谈判,签订完善的技术转让合同。不能签订技术转让合同的外国企业将不具备投标资格。为此,中国铁道部成立动车组联合办公室,设置技术转让实施评价考核环节,专门考察参与投标的两家中国高铁企业的技术转让谈判工作是否达标。

为保证技术转让的质量,中国铁道部还规定:外国企业即使中标,中方也不能马上付款。外国企业作为老师必须保证中国高铁企业的学习质量。考核结果如果显示中国高铁企业的动车技术学习成绩不达标,那么外国企业也不能拿到钱。

四家外国企业都明白,虽然此次招标只有140列动车组订单,但中国高铁未来发展的宏伟规划将让中国高铁市场变得越来越大,中国市场无与伦比的吸引力在这场高铁技术招标引进谈判中被极其高明地运用起来。

2004年6月17日,招标公告发布,投标截止时间为2004年7月28日,六家企业捉对"厮杀",如火如荼的艰难谈判开始了。其中最轻松的是加拿大庞巴迪,因为早在十几年前,其就与南车四方成立了合资企业,所以不为投标资格担心。加上急于出售手中趋于落后的高铁技术,加拿大庞巴迪在四家外国企业中最积极,极力以优厚的条件来满足中国的需求。

北车长客的首选目标是德国西门子。南车四方与川崎重工的合作有历史渊源,因此南车四方的谈判对象是由川崎重工等六家日本高铁企业组成的联合体。法国阿尔斯通出于国内的压力,采取双头谈判策略,与南车四方和北车长客都在接触。最初,南车四方和北车长客与法国阿尔斯通谈判,目的都是给日本高铁企业组成的联合体和德国西门子施压。

德国西门子在谈判中比较强硬,因为他们分析认为,德国技术才是中国铁道部的引进目标,所以对车辆和技术转让漫天要价,还设置五十多个技术转让障碍。中国铁道部与德国西门子直接谈判,但德国西门子坚决不肯让步。而北车长客与法国阿尔斯通的谈判突然加速,两家企业在投标截止日期前完成了全部谈判工作。

在投标截止日期前,南车四方与日本高铁企业组成的联合体投出标书,北车长客与法国阿尔斯通也顺利投出标书,加拿大庞巴迪以合资公司为主体投出自己的标书。只有德国西门子在最后时刻没能完成谈判,黯然出局。消息传到德国,德国西门子的股票暴跌,整个谈判团队被总部"炒鱿鱼"。

2005 年,中国铁道部进行时速 250 千米高铁技术项目招标。这一次,德国企业吸取教训,直接开出每列动车组 1.9 亿元人民币、技术转让费 8000 万欧元的超低价。由于德国企业抢先报出超低价,日本企业和法国企业只能以同样的价格接受中国铁道部的招标条件。不接受的后果是,只能退出中国巨大的高铁市场。

历时两年,中国铁道部凭借"二桃杀三士"的谈判策略,终于全部完成时速 250 千米高铁技术项目的转让谈判工作。从此,中国获得了高铁核心技术。中国高铁集各家所长,实现了技术创新,掌握了具有完全自主知识产权的高铁技术,打造了中国制造的国家名片。

二、案例思政元素

国际贸易实务课程是国际贸易专业学生的必修课。科学合理地设计课程的知识点,使之与思政教育衔接和融合,充分发挥课程思政对学生的教育作用,潜移默化地让学生在专业必修课的学习过程中树立正确的世界观、人生观和价值观,拥有高尚的职业道德和情操,至关重要。

教师应深入探索课程思政理念下的课程改革,从内涵、目标、元素和实例四个方面不断推动课程思政与专业教育的紧密有机结合:思政＝思＋政,育人＝传授知识＋能力培养＋价值塑造。通过发挥教师"主力军"、教学"主战场"、课堂

"主渠道"的作用,国际贸易实务课程旨在提升学生的思辨能力和政治素养,致力于培养具有爱国情怀的高端国际贸易人才。

(1)2021年8月23日,国新办举行发布会,商务部部长王文涛在会上指出,我国已成为第二大消费市场、第一贸易大国,利用外资和对外投资稳居世界前列。因此,学习国际贸易知识和探讨国际贸易活动的开展具有深远的政治意义和极强的时代性。

商场如战场,国际贸易是一场弥漫全球的、没有硝烟的、永不结束的战争,所以我们需要时刻保持清醒的头脑,分析我国众多企业在国际贸易中的地位和利益得失。

本案例注重将思政元素鲜活地贯穿和体现于教学内容中,推动教材体系、教学体系、信仰体系的转化,使学生真正达到"真学、真懂、真信、真用"。

(2)截至2020年底,我国铁路运营里程达14.6万千米,其中高铁运营里程达3.8万千米,较"十一五"末期增长近5倍,占世界高铁运营里程的2/3以上。我国高铁运营里程已超过世界其他国家的总和,且高铁技术具有完全自主知识产权。中国高铁建设的成功和跨越式发展离不开2004年那场惊心动魄的高铁技术招标引进谈判,一场被美国作为经典案例写进教科书的谈判。

商务谈判是买卖双方为促成交易而进行的活动,或者为解决买卖双方的争端,并取得各自的经济利益而采取的方法和手段。企业增加利润有三种方法:增加营业额、降低成本、谈判。美国前总统克林顿的首席谈判顾问罗杰·道森说:"全世界赚钱最快的办法就是谈判!"

三、案例使用说明

(一)案例教学适用范围

1.适用课程

本案例适用于国际商务、国际贸易、国际市场营销、国际运营管理等课程的教学。

2.适用对象

本案例适用于学习相关课程的本科生。

（二）案例教学目标

1. 知识目标

学生应当了解国际贸易谈判的基础、目标、准则等知识；掌握国际贸易谈判的三大理论：零和谈判与实力谈判理论、双赢原则和理论、竞争性谈判和博弈论。

2. 能力目标

学生应熟悉国际贸易谈判阶段和流程，灵活掌握和运用国际贸易谈判技巧。

3. 价值目标

教师以中国高铁技术招标引进谈判为代表案例，帮助学生自觉树立关注国际贸易领域的中国国情、中国经验、中国发展的意识，使学生立足中国大地审视国际贸易问题，坚定"四个自信"，培养爱国情怀、国际视野和守法意识。

（三）案例分析

本案例的设计思路是基于国际贸易领域的经典实战案例，将国际贸易系列知识点汇集起来，以国际商务谈判为导向，翔实探讨中国高铁技术招标引进谈判的原则和成功实践。

本案例注重将思政元素和红色基因贯穿课程教学的全过程。案例教学围绕课程教学目标和教学要求，讲授与教材一致的知识结构。教师可以将思政元素和国际贸易关键问题有机结合，通过浓缩和演绎，有序开展与推进案例教学和研究，以国际商务前沿实战问题为导向和主线，由表及里、抽茧剥丝、层层深入，使课堂教学演变为以红色旗帜为导向的、连贯的、创新的和实战运用的教学方式。

教师应通过课程思政案例教学的手段和模式来推动信仰体系和教学体系互动和转化，激发学生的爱国热情和国际贸易的从业热忱，培养学生的国际贸易创新和实战运用能力，打造符合国家要求的高端国际贸易人才队伍。

启发思考题：

（1）请结合国际商务谈判的三大理论，分析中国高铁技术招标引进谈判中涉及的理论及具体的运用策略和技巧。

（2）请结合著名的明茨伯格的企业战略 5P 模型，即计划（plan）、计策（ploy）、模式（pattern）、定位（position）和观念（perspective），分析中国高铁技术招标引进谈判的战略框架和实施流程。

（3）中国高铁技术招标引进谈判是中国用市场换技术的经典案例，其他任何一个产业都未达到这样的高度，如汽车产业和钢铁产业。你认为其他产业应该如何学习和借鉴中国高铁产业的成功经验？

（4）21世纪以来，科学技术的进步使得这个时代具有VUCA① 的特征，这会给企业的经营、形成和保持竞争优势带来怎样的挑战？请与同学讨论大卫·梯斯的动态能力理论，并探讨在新时代我们如何进行国际贸易创新。

---

① VUCA是指组织处于不稳定（volatility）、不确定（uncertainty）、复杂（complexity）、模糊（ambiguity）的状态中。这个术语源于军事用语，在20世纪90年代开始被普遍使用，用来描述已成为新常态的、混乱的和快速变化的商业环境。

附录:

新冠疫情背景下的文化偏见

一、案例正文

2020 年初,新型冠状病毒感染在我国首先被发现,经过短短数月,疫情迅速在全球范围内扩散。据世界实时统计数据(Worldometers),截至北京时间 2020 年 12 月 11 日,全球新冠病毒感染累计确诊病例达到 70702974 例,累计死亡病例达到 1584145 例。根据世界卫生组织官方网站发布的信息,新冠疫情已影响到全球 200 个国家和地区,成为 2020 年最重大的全球性公共卫生危机。

新冠疫情最初在我国暴发之时,一些西方媒体、外国政府要员基于对中国的偏见和歧视,把病毒与中国、中国武汉联系起来,对中国进行污名化。这些西方媒体、外国政府要员发表的不恰当言论,会引起更多的恐惧和焦虑,并引发世界各地针对华人和亚裔的敌对情绪、歧视行为甚至暴力伤害,是极其有害和错误的。

反观国内,新冠疫情发生以来,中方各部门和各地方政府尽最大努力保证在华外籍人士的生命安全和身体健康,对在华感染新冠病毒的外国公民一视同仁地进行及时救治。自新冠疫情发生以来,外交部、各有关部门以及各地方政府为在华外国公民提供了各种各样的帮助,包括解决在医疗、生活等方面遇到的困难。其中,很重要的一方面就是向在华外国公民提供新冠疫情的信息以及咨询服务,提供多语种信息发布平台,让他们在第一时间了解新冠疫情的相关情况。同时,我国各个地方政府外事办公室都设立了热线电话,在华外国公民有任何问题、任何困难,都可以通过拨打热线电话来求助。除此之外,外交部同外国驻华使馆也建立了联系,在华外国公民有任何问题可以通过外交部的渠道来协助解决。上述举措有效地为在华外国公民提供了帮助和保障。另外,很多地方政府把当时的在华外国公民纳入新冠疫情整体防控体系和基层街道社区的工作机制,他们享受了和中国公民同样的待遇,合理需求得到了充分满足。湖北省还特别强化对在华外国患者的防疫救治,按照分级诊疗工作机制,严格网格化防控工作要求,做好对在华外国患者的救治引导服务工作。在华外国公民对中国政府及中国人民对他们的关心,给予高度赞赏,他们也积极主动地参与到防控新冠疫情的斗争当中,为中国以及世界防控疫情做出自己的贡献。

2020 年是不寻常的一年。新冠疫情在全球蔓延,中国率先控制疫情、实现复工复产和恢复经济增长。许多在华工作生活的外国公民目睹了中国人民艰苦卓绝的抗疫斗争,加深了对中国的认识和理解。

(一)材料一:“这一年,在中国,我很好”

2020 年 2 月初,70 岁的英国人巴里·托马斯发高烧,他担心自己经常在外面吃饭,可能染上了新型冠状病毒。在向 120 求助后,巴里·托马斯被送到复旦大学附属华山医院。经过 CT、验血等一系列检查后,医生得出结论,他只是支气管炎发作,不过安全起见,建议他在家隔离 14 天。由于语言不通,巴里·托马斯居住地的居委会请来曾从事进出口贸易工作的林钧渊帮助沟通。在了解他的情况后,林钧渊组建了微信群,他们每日通过微信和巴里·托马斯联络,除了帮他解决日常生活不便等问题,也常和他唠家常,疏解他的孤独感。“宅”在家,巴里·托马斯不但每天苦练厨艺,也关心新冠疫情的发展。他还将从林钧渊等热心邻居这里获得的消息告知自己的外国朋友们,让他们对中国的抗“疫”情况有更多的了解。2 月 25 日,居家隔离结束后,巴里·托马斯给居委会手写了感谢信。他说:“我写这封信是为了表达最真挚的谢意,感谢你们在居家隔离期间对我的帮助。”在他心里,抗“疫”这件事早已与自己息息相关,也与所有在中国的外国人息息相关。他相信疫情终会过去,春天就在不远处。

（二）材料二："我在中国，记录真实"

波兰人丹尼斯·吉尔查克和他的女友在上海已经生活工作四年了。新冠疫情在中国暴发的几天后，他开始拍摄和制作微视频，在社交媒体上展示他所在城市的情况。他说："我之所以这样做，是因为在波兰的祖母和妹妹对中国的疫情非常恐慌，我每天都会接到她们让我紧急回国的电话，所以我决定为我的亲人记录和发布视频，展示上海的真实情况，让她们了解这里远远不像波兰媒体所描述的那样糟糕。"

同样在疫情暴发后开始记录身边生活的，还有来自波兰的卡霞。她在上海以南200多千米的舟山已经生活10年。从刚到中国起，她就开通了博客以记录中国正在如何迅速变化。

"为什么我现在重新开始发布博客？因为西方媒体报道了大量有关当前中国情况的不实信息。我在波兰网站上看到新闻说我们没有吃的，商店货架全被抢购一空，我们被监禁在家里。我婆婆晚上睡不着觉，担心我和我女儿。她开始怀疑我对她撒谎，认为我在假装镇定。所以我想展示我所在地区的真实面貌。目前我所在的城市，生活是平稳的，人们遵循地方政府的隔离建议，每个人都期望生产生活秩序能够尽快恢复正常。"卡霞这样解释重新使用博客的原因。

在丹尼斯的一个视频里，他展示了超市里的货物情况和市民排队购买口罩的场景。"疫情暴发初期，商场里有些货物出现了供不应求的情况。但几天后，局势就稳定了，任何日用品都不缺少。我们总是去大型超市一次性购买足够的食品。为了减少许多人在药房排队的现象，中国一些城市引入了特殊的远程口罩购买系统。在上海，我们通过社区居委会申请购买口罩。"丹尼斯解释说。

卡霞在购物上也没有问题。从新冠疫情暴发开始到现在，她的所有生活必需品都可以在市场上买到，各种商店也都在开放。

"我偶尔也会在网上购物。在这件事上，唯一的不同在于，物品不能像以前那样被送到家门口，而是自己必须去小区的门口取，因为小区不允许任何外部人员进入。但这也发生在没有出现新冠疫情的时候，因为中国的许多居民区都由专人看守，并且不允许外部人员随意进入。"卡霞解释说。

为控制疫情蔓延，中国很多城市都实行了严格的管理措施，丹尼斯居住的小区同样实施类似的管理。他说："目前，居民只有出示证件并进行体温检测才能进入小区。快递员无法进入住宅区，所有包裹和外卖必须直接留在小区门口。此外，从上海以外地区返回的任何人都必须向管理部门报告、登记其旅程，并居家隔离 14 天。每天，志愿者都会向人们介绍预防措施，如洗手、通风、戴口罩等，建议大家待在家中，减少外出。"

卡霞认为，这些隔离措施虽然严格，但都是为了人民的利益。"我认为中国政府采取的措施非常好，这是隔离已经生病的人、防止病毒在人群中传播的唯一方法。可以看到，监督并实施这些管控措施的人们付出了辛勤的汗水。"

事实上，在中国境内的新冠疫情得到进一步缓解的背后，是大量一线医务人员的付出。新冠疫情在武汉暴发后，全国各地的医务人员驰援武汉，他们都自愿响应，冒着生命危险去控制疫情的扩散。为了表达对他们的敬意和支持，卡霞和波兰朋友把一首向奋战在防疫一线的医务工作者致敬的中文歌曲《出发，光的方向》翻译成各种外语版本并放在她的博客上。她说："我对中国医务工作者的辛勤工作感到钦佩，特别是对那些处于危险第一线的人，我衷心祝愿他们健康平安。我所在的城市也有一队医生和护士去武汉帮助那里的病人，我的中国朋友丹妮就在其中，我非常支持她。"

波兰人丹尼斯在上海也用他的力量帮助自己所在的城市渡过疫情难关。在看到上海发布的献血倡议后，丹尼斯也加入无偿献血的队伍。"我来中国后已经参加了四次无偿献血，我知道现在的中国比其他任何时候更需要无偿献血，这样做可以帮助别人。我远道而来，在中国作为一个客人，我受到主人的热情款待，我很乐意去做一些事来帮助中国人。"丹尼斯激动地说。

丹尼斯的视频中还记录了自己重新开始上班和整个上海的复工情况。所有人都希望早日回到正常的生活和工作当中，只有积极向上的正能量才能使我们有生存的力量。

（三）材料三：美国人魏思得——破除新冠谣言的"北京人"

魏思得与中国的渊源颇为有趣。20世纪80年代，大学生魏思得不得不学习一门外语才能毕业。已经接触过法文、西班牙文的他实在对这两门语言提不起兴趣，也对许多美国人学习的拉丁文不"感冒"，索性选择了与这些语言截然不同的中文。

那时，学中文的美国人并不多，当魏思得告诉亲朋好友学中文的打算后，被泼了一盆盆冷水。有人说他已经20多岁了，肯定学不会中文，还有人说中国那么遥远，学中文根本没用。但魏思得与他们的看法截然不同，坚持学了中文。这些东方文字如同密码一般有趣，令他十分喜欢。

随着中国经济快速发展，与30余年前相比，中美两国目前互为重要的贸易伙伴，文化交流、人员往来频繁，学中文的美国人也多了起来。朋友对魏思得开玩笑说："你那个时候就学了中文，你太聪明了。"

20世纪90年代，魏思得在中国台湾更深入地学习中文并工作5年后，返回了美国。2000年，魏思得又决定回到中国，选择北京作为落脚点，一晃就是20年。作为长期生活在中国的美国人，魏思得希望中美两国的关系能够和谐，也希望通过自身的努力，让更多外国人了解中国，让更多中国人了解外国。只有增进了解，双方的关系才会越来越好。

新冠疫情期间，魏思得选择留在北京，一如既往地为外国人社区做些事。"我经历过非典，从非典中了解到，（疫情初期）会有谣言出现，尤其在不懂中文的外国人圈子里。因为他们无法看新闻，不能了解官方发布的消息，什么消息都靠听别人说。"

在魏思得看来，传播谣言是件不负责任的事。于是，在疫情暴发初期，他专门成立了一个微信群，每天收看疫情防控工作新闻发布会，从可靠的中文媒体查询相关消息，告诉群里的外国朋友。魏思得认为，中国有成功控制非典疫情的经验，相信中国会把成功经验运用到控制新冠疫情上。

除了发送官方消息外，魏思得在看到一些存疑消息后，还会验证消息的真伪。2020年2月，有谣言说北京的医院挤满了新冠病毒患者，魏思得特意去了北京收治新冠病毒患者的定点医院 – 首都医科大学附属北京地坛医院,这也是北京最早收治新冠病毒患者的医院。他看到医院外一切平静,没有排队的人群,没有大量救护车停在医院外。他说:"如果真有大量新冠病毒患者去那里,大家不是可以很明显地看到吗? 我绕着北京地坛医院走了至少 30 次,没见到什么病人进去。"

魏思得将在首都医科大学附属北京地坛医院的所见拍成照片,并撰写辟谣文章,表示这家医院"在处理当前的病人方面似乎没有什么问题"。

有人对魏思得的所作所为表示怀疑,认为他不是医生或专家,还说他"不懂事"。魏思得则回应道:"我确实不是专家,我写的东西只来源于我自己的想法,来源于我的经验判断。如果有人说发生了什么事,我能亲自去看一看,判断事情是对的还是不对的,我就能告诉别人这是不是谣言。"

慢慢地,加入微信群的外国人越来越多,群的数量从 1 个发展到 8 个。甚至有打算来北京的外国人向他咨询当地的防疫规定。魏思得坚持给在北京的外国人发送疫情相关消息。

魏思得的坚持或许源自他对这座城市的热爱。他说:"只要你在这个城市,享受这里的生活,爱这个城市,你也可以是北京人。我生活在北京,我希望让大家觉得这是一座特别好的城市。"

(四)材料四:"持续感受中国的发展活力"

2017 年,穆罕默德·阿斯加尔来到北京,担任巴基斯坦联合通讯社驻华记者。在工作中,穆罕默德·阿斯加尔不仅持续感受中国的发展活力,也见证着巴中两国之间的特殊友好情谊。

2020 年是令人铭记的一年。穆罕默德·阿斯加尔目睹了中国人民艰苦卓绝的抗"疫"历程,并在第一时间将报道呈献给巴基斯坦民众。中国政府凭借强大的行动力,成功控制住了新冠疫情,构筑起严密的防控体系,给生活在中国的居民带来极大的安全感。

2020 年 10 月,山东青岛发现新增病例后,卫生部门动员 1 万多名医务人员及时行动,开展全员核酸检测,5 天时间排查 1000 多万人。在新疆喀什,当地卫生部门通过多轮核酸检测等措施尽最大努力控制疫情传播。

在这样的安全保障下,中国经济社会发展逐步转入正轨。2020年10月26日至29日,中国共产党第十九届中央委员会第五次全体会议对"十四五"时期发展作出全面部署。穆罕默德·阿斯加尔对其中实现高质量发展和提升创新能力的目标尤其看好。2020年6月,穆罕默德·阿斯加尔随外国记者团走访了四川西昌,见证了北斗三号全球卫星导航系统最后一颗组网卫星的发射。这是中国自主建设的全球卫星导航系统,包括巴基斯坦在内的世界一半以上的国家都在使用。

2020年9月,穆罕默德·阿斯加尔来到深圳、珠海参观采访。珠海是格力电器总部所在地,其家电品牌在巴基斯坦有很高的知名度。企业负责人告诉穆罕默德·阿斯加尔,格力电器不仅向巴基斯坦出口产品,还分享生产技术和经验,企业的两个海外生产基地之一就建在巴基斯坦。在深圳前海片区,穆罕默德·阿斯加尔参观了中国首个由传统码头升级改造而成的自动化港口-妈湾智慧港。借助第五代移动通信技术(5G),这里的工人无须爬到离地面几十米高的驾驶室,而是在控制室的电脑前就能通过高清视频传输进行远程操控。据了解,智能升级使得该港口综合作业效率提升30%,现场作业人员减少80%,安全隐患减少50%。

随着中国加快构建以国内大循环为主体、国内国际双循环相互促进的新发展格局,中国在自身发展的同时,将为世界经济作出更大贡献。2020年11月,第三届中国国际进口博览会在上海成功举办,为世界经济复苏注入新动力。穆罕默德·阿斯加尔对来自巴基斯坦的珠宝参展商进行了报道,希望更多巴基斯坦的特色产品通过这一平台走向世界。

当前,巴中两国积极克服疫情影响,推进中巴经济走廊建设,在一些重大项目上取得重要进展:拉合尔轨道交通橙线正式开通运营,巴基斯坦由此步入"地铁时代";巴基斯坦首个直流输电项目——默蒂亚里至拉合尔±660千伏直流输电工程全线贯通……这些共建"一带一路"项目不仅满足了巴基斯坦人民对能源、交通等基础设施的迫切需求,而且有利于推动区域经济一体化,为"一带一路"沿线地区经济恢复增长提供动力。

二、案例思政元素

（一）文化自信

2016 年 7 月 1 日，在庆祝中国共产党成立 95 周年大会上，习近平总书记指出："要坚持中国特色社会主义道路自信、理论自信、制度自信、文化自信。"他在多个场合提及并强调文化自信的重要意义，指出"文化自信是一个国家、一个民族发展中更基本、更深沉、更持久的力量""坚定文化自信，是事关国运兴衰、事关文化安全、事关民族精神独立性的大问题"。文化自信，不仅包括对五千年中华文明孕育的中华优秀传统文化的自信，也包括对在党和人民伟大革命斗争中孕育的革命文化和社会主义先进文化的自信。社会主义先进文化将中华优秀传统文化和革命文化融为一体，不仅创造了中华民族伟大复兴的时代辉煌，也实现了社会主义核心价值观与西方文化的对接。社会主义先进文化是文化自信的理论基础，巩固了自信的物质根基、植入了自信的动力基因、造就了自信的开放包容心态。

（二）全球意识

跨文化交际理论认为，全球化是一个国际融合的过程，伴随世界观、产品、理念和文化等方面的相互交流而产生。它包括经济全球化、政治全球化和文化全球化三个层次。全球联系不断增强，各个国家和地区密不可分，任何一个国家和地区都不可能在诸如环保、反恐、贫困、卫生健康等全球性问题中独善其身。

2012 年 11 月，党的十八大报告明确提出："要倡导人类命运共同体意识。"人类命运共同体旨在追求本国利益时兼顾他国合理关切，在谋求本国发展中促进各国共同发展。作为新时代的青年大学生，应该深刻把握人类命运共同体的时代精神内涵，认识到人类只有一个地球，人类命运休戚与共，只有合作才能共赢。树立全球公民意识，积极践行环保、和平、平等、互助等理念。这次的新冠疫情充分体现了病毒无国界，全球性问题呼唤构建人类命运共同体。

三、案例使用说明

（一）案例教学适用范围

1. 适用课程

本案例适用于国际贸易实务、跨文化商务沟通课程的教学。

2. 适用对象

本案例适用于学习相关课程的本科生。

（二）案例教学目标

1. 知识目标

学生了解文化偏见中常见的刻板印象是如何形成的,刻板印象的分类有哪些;知道偏见与歧视的具体内涵是什么,偏见与歧视是怎样形成的,我们生活中的偏见与歧视有哪些;思考并剖析上述几种文化偏见的内在联系。

2. 能力目标

学生通过对文化偏见的理解与学习,调节自身的文化身份及思维定式,学会理解和辨别跨文化沟通中常见的文化偏见现象,思考并剖析出现此类现象的原因及可能产生的影响;培养辩证思维能力,能够从理论视角辩证看待国内及世界范围内的时事,进一步增强跨文化沟通意识与跨文化沟通能力。

3. 价值目标

习近平总书记在党的十九大报告中指出:"文化是一个国家、一个民族的灵魂。文化兴国运兴,文化强民族强。没有高度的文化自信,没有文化的繁荣兴盛,就没有中华民族伟大复兴。"习近平总书记的讲话,既体现出高度的文化自信,又包含着对教育工作者坚定文化自信的期待,为广大教育工作者增强信心、担当历史责任、培养学生的文化自信指明了方向。

通过对文化偏见相关内容的学习,学生能够积极借鉴世界历史文化、异域民族文化,广泛参与世界文化的对话与交流,能够以开放的态度、批判的思想和包容的胸襟对待多元文化现象,拓宽文化视野和增强国际公民意识,推动构建人类命运共同体。与此同时,教师应将思政教育理念与跨文化商务沟通课程融合,切实引导学生坚定文化自信,致力于培养既具有爱国情怀,又具有国际视野和跨文化沟通能力的人才。

（三）案例分析

1. 在本案例中,文化偏见体现在哪些方面?

分析:建议同学们结合案例中的材料及新冠疫情期间海外华侨、华人、留学生遭遇的不同程度的文化偏见和种族歧视进行探讨。文化偏见是指人们不以客观事实为根据建立的对特定人或事物的情感色彩明显的倾向性态度。文化偏见从来不是一朝一夕形成的，而是在长久以来的闭塞视听和傲慢无知中逐渐壮大的。而当下的新冠疫情，让原本就存在的文化偏见愈演愈烈。

2. 在本案例中，你认为文化偏见的影响因素有哪些？

分析：建议同学们在以下四个方面的基础上进行拓展。

①社会化因素。在人们社会化的过程中，价值观会在很大程度上受到周围环境和文化的影响。

②认知因素。"一千个人心中有一千个哈姆雷特。"一旦我们对外界事物形成某种认知或印象，就会因心理惯性而倾向性地获取信息来印证我们最初的认知。

③动机因素。这是指文化偏见或歧视是由某种动机引起的。替罪羊理论认为，日常生活或社会环境的挫折导致人们对弱势外围群体成员进行替代性攻击，以发泄被压抑的情绪。

④社会分层因素。根据社会认同理论，人们希望从群体身份中获得自尊。受到这种自尊需要的驱使，人们相信自己所属的群体比其他群体更好，将积极的品质归因于自己及自己所属的群体，而对其他群体给予较消极的评价，从而导致文化偏见或歧视的形成。

3. 新冠疫情背景下的文化偏见能带给我们什么样的启示？本案例对我们减少文化偏见有哪些指导和借鉴意义？

分析：文化偏见和歧视不仅会对国际关系的处理造成不良影响，也会阻碍人们日常的跨文化交流。新时代的青年大学生应该结合新冠疫情期间病毒无国界的现实，以及中国在抗击新冠疫情期间展现出的大国担当，深刻把握人类命运共同体的时代精神内涵，树立全球公民意识，积极践行环保、和平、平等、互助等理念。

参考文献

[1][美]塞德兹.塞德兹全能教育法[M].武汉:长江少年儿童出版社,2014.

[2][英]休谟,曾晓平译.道德原则研究[M].北京:商务印书馆,2017.

[3]Cyril Smith. Marx at the Millennium[M]. London:Pluto Press,1996.

[4]J. Mark Halstead,Monica J. Taylor. Values in education and education in values[M]. London Washington, D. C:Falmer Press,1996.

[5]John J. Macionis. Sociology[M]. New Jersey:Prentice Hall,2003.

[6]Kogan, M. Educational policy-making[M]. London:Allen and Unwin,1975.

[7]习近平.在第十二届全国人民代表大会第一次会议上的讲话[N].人民日报,2013 - 3 - 18.

[8]习近平同各界优秀青年代表座谈时的讲话[N].人民日报,2013 - 5 - 5.

[9]习近平.把培育和弘扬社会主义核心价值观作为凝魂聚气强基固本的基础工程[N].人民日报,2014 - 2 - 25.

[10]习近平.青年要自觉践行社会主义核心价值观——在北京大学师生座谈会上的讲话[N].人民日报,2014 - 5 - 5.

[11]习近平.做党和人民满意的好老师——同北京师范大学师生代表座谈时的讲话[N].人民日报,2014 - 9 - 10.

[12]习近平.在会见第四届全国文明城市、文明村镇、文明单位和未成年人思想道德建设工作先进代表时的讲话[N].人民日报,2015 - 3 - 1.

[13]习近平.在庆祝中国共产党成立95周年大会上的讲话[N].人民日报,2016-7-2.

[14]习近平.在纪念红军长征胜利80周年大会上的讲话[N].人民日报,2016-10-22.

[15]习近平.把思想政治工作贯穿教育教学全过程 开创我国高等教育事业发展新局面[N].人民日报,2016-12-9.

[16]习近平.在第十三届全国人民代表大会第一次会议上的讲话[N].人民日报,2018-3-21.

[17]习近平.坚持中国特色社会主义教育发展道路 培养德智体美劳全面发展的社会主义建设者和接班人[N].人民日报,2018-9-11.

[18]习近平.用新时代中国特色社会主义思想铸魂育人 贯彻党的教育方针 落实立德树人根本任务[N].人民日报,2019-3-19.

[19]习近平.坚持共同团结奋斗共同繁荣发展 各民族共建美好家园共创美好未来[N].人民日报,2019-9-28.

[20]中共中央国务院.新时代爱国主义教育实施纲要[N].人民日报,2019-11-3.

[21]习近平.思政课是落实立德树人根本任务的关键课程[N].人民日报,2020-8-31.

[22]习近平.在纪念中国人民抗日战争暨世界反法西斯战争胜利75周年座谈会上的讲话[N].人民日报,2020-9-4.

[23]王丽英,陈烈荣.课程思政:知识传授与价值引领交相辉映——浙江中医药大学"课程思政"教育教学改革探析[N].中国教育报,2018,7(4).

[24]陈金伟.新时期课程思政与思政课程的协同效应创新研究[J].科教导刊:电子版,2020(20).

[25]蔡心轶.关于课程思政与思政课程同向同行的理论分析[J].教育信息化论坛,2017(11).

[26]刘福英."立德树人"视阈下课程思政与思政课程协同育人策略[J].天

津中德应用技术大学学报,2020(5).

[27]陈冬仿.高校课程思政与思政课程协同育人机制创新研究与实践[J].青年与社会,2020(1).

[28]胡本海.高校课程思政的价值内涵和实施策略[J].贵州工程应用技术学院学报,2019,37(6).

[29]吴磊,谢璨夷.协同治理视域下课程思政的价值意涵、实践困境与推进路径[J].教育评论,2020(4).

[30]刘宇文,范乐佳."双一流"背景下课程思政的价值意蕴与实施策略研究[J].当代教育理论与实践,2020,12(3).

[31]赵浚,高宝珠.课程思政的价值本源、现实困境与实践进路[J].湖南第一师范学院学报,2020,20(4).

[32]王永垒.基于协同育人的高校课程思政的价值意蕴和引导策略——以《立体裁剪》课程教学为例[J].轻纺工业与技术,2020,49(6).

[33]李洁,张成凤.立德树人视域下课程思政的价值及实现——以微积分课程为例[J].中国农业教育,2020,21(3).

[34]王学俭,石岩.新时代课程思政的内涵、特点、难点及应对策略[J].新疆师范大学学报:哲学社会科学版,2020,41(2).

[35]王晶.新时代背景下课程思政育人模式的特点、难点及应对[J].湖北开放职业学院学报,2020,33(9).

[36]方洲,王玉珏."课程思政"理念下高校教师的角色转换[J].教师教育学报,2019,6(3).

[37]付思,章洁倩.大学生视角下高校"课程思政"现状及思考[J].教育教学论坛,2020(42).

[38]邱建国.高职院校实施课程思政的现状及对策分析——以晋城职业技术学院为例[J].晋城职业技术学院学报,2020,13(2).

[39]李翠萍.高校课程思政的发展路径探索[J].文教资料,2020(15).

[40]岳曼曼.应用型高校大学英语实施课程思政教学的现状与路径研究

［J］.学园,2020(7).

[41]冯惠芳.新时代高校课程思政建设研究综述[J].河南科技学院学报:社会科学版,2020,40(6).

[42]赵鹤玲.新时代高校"课程思政"建设的现状及对策分析[J].湖北师范大学学报:哲学社会科学版,2020,40(1).

[43]伍醒,顾建民."课程思政"理念的历史逻辑、制度诉求与行动路向[J].大学教育科学,2019(3).

[44]李金."课程思政"理念下高校创新创业教育的新探索[J].教育教学论坛,2020(32).

[45]朱新锋,宋中闲,刘彪,郭一飞.立德树人理念下做好课程思政的思考[J].教育教学论坛,2020(20).

[46]程远芳,邓青,杨全中.高校课程思政建设的意义与方法——以新乡医学院三全学院为例[J].教育教学论坛,2020(41).

[47]杨祥,王强,高建.课程思政是方法不是"加法"——金课、一流课程及课程教材的认识和实践[J].中国高等教育,2020(8).

[48]李义."大思政"格局下课程思政的实践探索[J].智库时代,2020(3).

[49]孙淼,王帅洲.西方经济学"课程思政"教学改革的实践研究[J].福建茶叶,2019,41(10).

[50]刘亦晴,梁雁茹,许春冬."课程思政"教学改革的调查和探索[J].江西理工大学学报,2020,41(4).

[51]金虎.课程思政的探索与实践——以"操作系统"课程为例[J].黑龙江教育:理论与实践,2020(1).

[52]付学军."立德树人"背景下课程思政的实施路径[J].西部素质教育,2020,6(1).

[53]邝宏燕,吴铁雄.积极探索应用型本科高校课程思政的实现路径——以《国际金融》课程为例[J].现代商贸工业,2020,41(18).

[54]丁丽,张贵友,方晓.高职百万扩招背景下课程思政的实施路径探究

[J].淮南职业技术学院学报,2020,20(2).

[55]王雪.课程思政从理念到实践的实例分析[J].昆明冶金高等专科学校学报,2019,35(6).

[56]王晓梅.本科通识课程的思政教学改革探究[J].科学大众(科学教育),2019(2).

[57]冯惠芳.新时代高校课程思政建设研究综述[J].河南科技学院学报:社会科学版,2020,40(6).

[58]高德毅,宗爱东.从思政课程到课程思政:从战略高度 构建高校思想政治教育课程体系[J].中国高等教育,2017.

[59]万林艳,姚音竹."思政课程"与"课程思政"教学内容的同向同行[J].中国大学教学,2018(12).

[60]陈立婧,刘至治,陈桃英,等.从课堂教学渠道融入"课程思政"教育理念一以《普通动物学》为例[J].教育教学论坛,2018(29).

[61]张旭,李庆华.中美高校道德教育实现路径比较研究[J].思想政治教育研究,2014(4).

[62]彭冠锦,崔兴红,苑卓.大学生通识课程思想政治教育功能发挥现状及优化策略[J].祖国,2018(14).

[63]高丽萍,段兴华.新时代高校思想政治理论课教学创新的哲学方法论意蕴[J].内蒙古农业大学学报:社会科学版,2020,22(5).

[64]岳曼曼.应用型高校大学英语实施课程思政教学的现状与路径研究[J].学园,2020(7).

[65]孙长征,熊青平.对高校思想政治理论课实践教学的思考[J].武汉电力职业技术学院学报,2016(1).

[66]孙娟.高校"思想政治理论课"教学中存在的问题及对策探析[J].滨州职业学院学报,2007(2).

[67]周树敏,李平,宋红生,袁晓君."课程思政"在通识课中的教学实践——以上海大学通识课"植物与人类文明"为例[J].教育教学论坛,2020(9).

[68]石书臣.同向同行：高校思想政治教育的课程着力点[J].思想理论教育,2017(7).

[69]程佳琳,马兆俐.管理学通识课程的思政培养[J].高教学刊,2020(24).

[70]何红娟."思政课程"到"课程思政"发展的内在逻辑及构建策略[J].思想政治教育研究,2017(10).

[71]尹化玲.中华优秀传统文化在大学英语教学中渗透的研究[J].齐齐哈尔师范高等专科学校学报,2018(6).

[72]钱江飞.高校思政教育隐形课程研究[J].内蒙古师范大学学报,2015(5).

[73]焦福维.人文核心素养教育与高校书法课的价值建构——基于"大语文"观与《大学语文》实施现状的思考[J].乌鲁木齐职业大学学报,2018(3).

[74]高燕.课程思政建设的关键问题与解决路径[J].中国高等教育,2017(8).

[75]王瑞.构建全课程育人的高校思想政治教育大格局[J].思想政治教育研究,2019(3).

[76]平章起,梁禹祥.思想政治教育基本问题研究[M].天津:南开大学出版社,2010.

[77]刘强.中国高校通识教育价值理念与实践逻辑的有效建构[M].当代教育论坛,2019(6).

[78]欧阳慧敏.基于"课程思政"的大学生生态文明教育研究[D].徐州:中国矿业大学,2019.

[79]李春民.新升格高职院校学生思政教育存在的问题及对策研究[D].西安:西北大学,2012.

[80]王俊静.高校专业课教学中渗透思想政治教育的研究[D].长沙:湖南大学,2011.